AF533703

Hans Hermann Pöpsel
Helma Fischer-Pöpsel

Ein historischer Spaziergang durch unser schönes Ennepetal

Hans Hermann Pöpsel
Helma Fischer-Pöpsel

Ein historischer Stadtrundgang durch unser schönes Ennepetal

Ein Bilder- und Lesebuch

Shaker Media
Aachen

Bibliografische Information der Deutschen Nationalbibliothek
Die Deutsche Nationalbibliothek verzeichnet diese Publikation in der Nationalbibliografie; detailierte bibliografische Daten sind im Internet über http://dnb.d-nb.de abrufbar.

Die Umschlagfotos zeigen die Kreuzung Strohmeyer in Milspe vor etwa acht Jahrzehnten und heute

Kontakt zu den Autoren: hhpoepsel@gmx.de

Printed in Germany

ISBN 978-3-95631-640-1

Shaker Media GmbH · Postfach 101818 · 52018 Aachen
Telefon 02407 / 95964-0 · Telefax 02407 / 95964-9
Internet: www.shaker-media.de · Email: info@shaker-media.de

Vorwort

Vor einigen Jahren hat der Arbeitskreis Ennepetaler Stadtgeschichte mit seinen Büchern über "Die Namen der Straßen in Ennepetal" und über "Interessante Menschen aus Ennepetal" das Interesse zahlreicher Mitbürger getroffen. Die Werke waren im örtlichen Buchhandel ein voller Erfolg, und das hat uns anschließend ermutigt, an einem ähnlichen Buch über geschichtlich wichtige Punkte in unserer Stadt zu arbeiten, das Sie hier vorliegen haben.

Mit dem Werk "Ein historischer Stadtrundgang durch unser schönes Ennepetal" halten Sie hier das Ergebnis unserer Bemühungen in der Hand. Wir, das ist das Ehepaar Hans Hermann Pöpsel und Helma Fischer-Pöpsel, wollen Sie mitnehmen auf Spaziergänge durch die verschiedenen Ennepetaler Stadtteile. An den einzelnen Haltepunkten werden die historischen Zusammenhänge kurz erklärt. Dazu haben wir im Stadtarchiv alte Fotos herausgesucht, außerdem hat Helma Fischer-Pöpsel zahlreiche aktuelle Fotos aufgenommen, um die Veränderungen darzustellen. Uns interessierte dabei nicht so sehr der Denkmalcharakter der Gebäude, sondern mehr das, was man geschichtlich über die Orte erzählen kann.

Das Ennepetaler Autoren-Ehepaar Helma Fischer-Pöpsel und Hans Hermann Pöpsel. (Foto Denis Fischer)

Wir haben die Rundgänge so zusammengestellt, dass man sie im jeweiligen Stadtteil bequem ablaufen kann. In welchem Ortsteil man beginnt, ob in Milspe oder Oberbauer, in Rüggeberg oder Königsfeld, das ist jedem selbst überlassen.

Natürlich können die hier vorgestellten historischen Punkte nur eine Auswahl sein, und selbstverständlich spiegelt das Buch subjektive Einschätzungen - andere Mitbürger oder Sie als Leser hätten vielleicht andere Orte oder Ereignisse beschrieben. Bei der Beschreibung der einzelnen Punkte haben wir uns vor allem an der umfangreichen stadthistorischen Literatur orientiert, die im Stadtarchiv gesammelt wurde. Vor allem die vom Arbeitskreis Stadtgeschichte veröffentlichten Ennepetaler Forschungen waren dabei eine sehr große Hilfe.

Lassen Sie sich nun also bei der Lektüre unseres neuen Buches überraschen und lernen Sie Seiten an unserer Stadt kennen, die ihnen bisher nicht bewusst waren.

Ennepetal im Frühjahr 2018

Hans Hermann Pöpsel
Helma Fischer-Pöpsel

Kapitel I – Milspe

Der Kruiner Tunnel

Wir beginnen unseren historischen Rundgang am DB-Bahnhof in Milspe. Von dort blicken wir in Richtung Nordosten auf den gewaltigen Damm, der beim Bau der Bergisch-Märkischen Eisenbahn in den Jahren 1845 bis 1847 in mühevoller Handarbeit aufgeschüttet worden war. Der Damm war notwendig, damit die Züge, die am Hange des Berges fuhren, das Tal der Ennepe in der etwa gleichen Höhe überqueren konnten.

Das Portal des Kruiner Tunnels.

Dieser Damm heißt heute im Volksmund Kruiner Tunnel, weil in einer Röhre unter der Bahn der Ennepefluss, seit 1882 auch die Tal-Eisenbahn, später noch die Straßenbahn von und nach Gevelsberg und die ehemalige Bundesstraße 7 mit ihrem Fuß- und Radweg wie in einem kurzen Tunnel durch den Damm geführt werden. Einen ähnlichen Damm mit Unterführung baute man etwas weiter südlich über die Rahlenbecke, und in Höhe des Schlosses Martfeld auf dem Schwelmer Stadtgebiet musste die Eisenbahn dann durch einen tiefen künstlichen Taleinschnitt geführt werden.

Die Bergisch-Märkische Eisenbahngesellschaft war 1842 in Elberfeld gegründet worden, um das industriereiche Tal der Wupper mit den Zechen und Stahlwerken im Ruhrgebiet zu verbinden und einen Anschluss an den Fernverkehr ab Dortmund zu bekommen.

Der historische Bahnhof in Milspe

Er ist einer der ältesten Bahnhöfe in Deutschland, der denkmalgeschützte Bahnhof in Ennepetal-Milspe. Zeitgleich mit dem Bau der Bergisch-Märkischen Eisenbahn von Elberfeld nach Hagen und später weiter nach Dortmund wurde 1847 auch das Bahnhofsgebäude als Fachwerkskonstruktion mit einer Holzverkleidung errichtet.

Der historische Bahnhof hieß Milspe.

Das Haus wurde durch mehrere Anbauten erweitert, es enthielt neben dem Fahrkartenschalter auch einen beheizten Warteraum und eine Gaststätte. Ursprünglich trug der Bahnhof den Namen Milspe, nach der Stadtgründung 1949 wurde er im Jahre 1954 in Bahnhof Ennepetal umbenannt, und als in Gevelsberg der Märkische Bahnhof seine Funktion verlor und 1963 abgerissen wurde, bekam der Haltepunkt die Bezeichnung Ennepetal (Gevelsberg). Das Milsper Bahnhofsgebäude ohne Funktion wurde vor einigen Jahren an einen Privatmann verkauft und ging danach in den Besitz der Stadt über, die es nun gern wieder loswerden möchte.

Das Denkmal droht zu verfallen.

Schräg gegenüber des Bahnhofs sieht man die imposante Unternehmervilla Dicke mit einem abschüssigen öffentlichen Park.

Die Eugen-Dicke-Parkanlage

Die Parkanlage unterhalb der Villa Dicke trägt seit dem Jahre 1940 den Namen "Eugen-Dicke-Anlage". Der Namensgeber entstammte der Unternehmerfamilie Dicke, der die Schraubenfabrik Altenloh, Brinck & Co. (ABC) maßgeblich gehört. Er wirkte auch als Beiratsvorsitzender, sein Hauptinteresse galt jedoch der Kunst.

Eugen Dicke schrieb mehrere Opern-Libretti, die auch gedruckt und aufgeführt worden sind. Außerdem verfasste er drei Theaterstücke, unter anderem über Wittekind und über den Grafen de Marville. Eugen Dicke wurde im Jahre 1860 in Milspe an der Friedrichstraße geboren und lebte ab 1914 in Bad Godesberg. Sein Vater Heinrich war in der Mitte des 19. Jahrhunderts als Bauunternehmer aus dem Bergischen Land an die Ennepe gekommen und hat dann in die Familie Altenloh eingeheiratet.

Die Villa Dicke am Wunderbau.

Im Ennepetaler Heimatbrief hatte seinerzeit Helmut Suberg geschrieben, der Park sei durch den Stadtrat im Jahre 1967 der Milsper Dichterin Minna Schmidt-Isar gewidmet worden, doch dagegen erhob die Firma ABC als Besitzerin der Anlage deutlich Einspruch. Sie erinnerte an die Widmung an Eugen Dicke zu dessen 80. Geburtstag. Die Anregung, eine Gedenktafel anzubringen, wurde jedoch nicht umgesetzt. Der Milsper Dichter und Kaufmann starb 1945 an seinem Wohnsitz in Bad Godesberg.

Das erste „Haus Ennepetal"

Am unteren Ende des Parkes liegt gegenüber die Firma ABC. Dort auf dem Gelände des jetzigen Firmenparkplatzes stand einst das "Haus der Kunst". Das Gebäude war im Jahre 1860 als Gastwirtschaft errichtet worden, und 1911 bekam es einen Anbau mit Gesellschaftszimmer und Kegelbahn. Nach einem Konkursverfahren fiel 1937 das Haus an die benachbarte Schraubenfabrik Altenloh, Brinck & Co. Die ließ im Folgejahr einen sogenannten Gefolgschaftssaal mit Platz für 800 Personen errichten.

Das "Haus der Kunst" steht nicht mehr.

Nach dem Ende des Krieges zeigte sich, dass in den umliegenden Großstädten die Opern- und Schauspielhäuser zerstört waren, und so nutzten international bekannte Künstler wie die berühmten Berliner Philharmoniker das Milsper Haus der Kunst als Aufführungsstätte, zuerst am 24. Oktober 1945. Im Volksmund bekam das Haus deshalb sehr schnell den Beinamen "Musentempel".

Auch die sehr beliebten Tanzveranstaltungen fanden dort statt, und 1949 feierte man in dem Saal die Gründung der neuen Stadt Ennepetal. Das Haus der Kunst bekam den Namen Haus Ennepetal und behielt ihn bis zur Fertigstellung des neuen Hauses an der Esbecke. Danach wurde die Gaststätte umbenannt in Brincker Mühle nach der dort früher aktiven Mühle des Wilhelm Brinck, einem der Mitbegründer der Schraubenfabrik Altenloh, Brinck & Co.

Die Schraubenfabrik ABC / Spax

Zu Beginn des 19. Jahrhunderts hatten sich die Brüder Altenloh und der Uhrmacher Wellershaus mit der Fertigung "französischer Holzschrauben" befasst. Am 8. September 1823 gründeten sie eine offene Handelsgesellschaft - das ist der Beginn der Firma Altenloh, Brinck & Co. (ABC) in Milspe, der ältesten Firma, die in Deutschland fabrikmäßig Schrauben herstellte und die heute noch erfolgreich existiert.

Ein früher Blick auf die Kreuzung Strohmeyer.

Zu der Gründungsgesellschaft gehörten auch der erwähnte Müller Wilhelm Brinck und der Kaufmann Karl Riecke aus Remscheid. Brinck übernahm den Bau des Fabrikgebäudes. Er war auch Gemeindevertreter in Milspe und starb 1869 in Bad Godesberg.

Die Altenlohs waren auch mit der Familie Kartenberg befreundet, in deren Gastwirtschaft an der Kehr die Firmengründung stattfand. Ein königliches Patent für die Schraubenherstellung bekam das Unternehmen am 28. Januar 1825. Ab 1829 setzte man Wasserkraftpressen ein, und schon 1857 stellte ABC die erste Dampfmaschine in der Region auf.

Weltweit bekannt wurde die Firma ABC vor gut fünf Jahrzehnten durch die Entwicklung und Produktion der Spax-Schrauben. Produziert wird seit 1910 auch in dem Gevelsberger Zweigwerk.

ABC ist heute ein modernes Unternehmen.

Das Amtshaus an der Winkelstraße

Die Winkelstraße mit dem Amtshaus früher.

Von ABC aus gehen wir hinüber zur Ecke Voerder Straße / Winkelstraße. Dort, wo heute das leer stehende Altenheim und das Heilenbecke-Center stehen, befand sich früher das Milsper Amtshaus und zeitweise sogar der Platz für den Wochenmarkt.

Wilhelm Brinck, Mitbegründer der Firma Altenloh, Brinck & Co., hat das "Haus Brinck" um 1760 erbauen lassen. Etwa hundert Jahre später war es vorübergehend Sitz der Firma Carl Dan. Peddinghaus, bevor es von der Amtsverwaltung Milspe als Amtshaus genutzt wurde. Diese Funktion hatte es bis 1937, als die Verwaltungen in den jetzigen Rathaus-Altbau verlegt wurden. Das Amtshaus wurde zum Haus der NSDAP-Ortsgruppe Milspe, und es beherbergte auch nach dem Ende des Zweiten Weltkrieges noch einen Kindergarten.

1965 ließ die Stadt das Gebäude abbrechen, und die Sparkasse ließ einen mehrstöckigen Bau errichten, der nach dem erneuten Sparkassen-Bau auf dem Agalith-Gelände in ein Seniorenheim umgewandelt wurde. Zur Zeit der Erstellung dieses Buches stand das frühere Altenheim allerdings schon mehrere Jahre leer.

Das Areal heute aus ähnlichem Blickwinkel.

Ein schweres Eisenbahn-Unglück

An der Kölnèr Straße, kurz vor dem Rahlenbecker Tunnel, ereignete sich im Juni 1967 ein spektakulärer Unfall, an den sich wohl nur noch die älteren Ennepetaler Bürger erinnern können. Am frühen Morgen dieses Junitages prallte auf dem Nebengleis der Bergisch-Märkischen Bahn kurz hinter dem Bahnhof Milspe in Richtung Schwelm eine E-Lok gegen einen Prellbock, die Lok sprang aus den Schienen und stürzte den Abhang hinunter und blieb neben der Bundesstraße vor dem Rahlenbecker Tunnel in den Gärten auf der Seite liegen. Die an der Dammseite stehenden Pappeln wurden wie Streichhölzer abgeknickt. Weil die Gevelsberg-Ennepetaler Zeitung noch als Nachmittags-Ausgabe erschien und das Blatt aktuell berichtete, verbreitete sich das Geschehen wie ein Lauffeuer, sodass sich ein regelrechter Menschenauflauf an der Unfallstelle bildete, der auch in den nächsten Tagen anhielt, zumal sich die Bergung der Lok als äußerst schwierig erwies. Die privaten Fahrzeuge konnten die Unglückstelle nur im Schritttempo passieren, weil jeder einen Blick auf die liegende Lok werfen wollte.

Die Lokomotive lag auf der Seite.

Für die Bergung musste ein Spezialkran aus Witten angefordert werden, und es wurde sogar ein zweiter Kran erforderlich. Um ausreichend Platz für die Arbeiten zu bekommen, wurden die B 7 für den Individualverkehr gesperrt und sogar die Straßenbeleuchtung auf einer Länge von 60 Metern abmontiert. Da die Arbeiten hoch kompliziert waren, dauerte die Bergung weit über die Abendstunden an, und es wurde bei Scheinwerferlicht bis in die Morgenstunden gearbeitet. Die Zuschauer harrten stundenlang aus, und das ganze Ereignis glich einem Volksfest.

Der Lokokotivführer Friedrich Buse kam bei dem Unfall ums Leben, sein Kollege blieb unverletzt, weil er im Gegensatz zu Buse nicht aus der herabkullernden Lok herausgesprungen war.

Der Schwarze Weg

Der Schwarze Weg von der Kölner Straße aus gesehen.

Schräg gegenüber der Lok-Unfallstelle zweigt der Schwarze Weg von der Kölner Straße ab. Dieses kurze Straßenstück mündete früher an der anderen Seite in die Heilenbecker Straße, doch dieser Durchgang ist inzwischen für Fahrzeuge versperrt.

Der Name der schmalen Straße geht auf die Zeit zurück, als für die Heilenbecker Chaussee Richtung Radevormwald noch eine Maut kassiert wurde und manche Fuhrleute versuchten, diese Mautstelle über diesen "Schwarzen Weg" zu umfahren.

Vom Schwarzen Weg aus wird über eine bekieste, baumbestandene Zufahrt die 1907 von dem Archtikten Peter Nau für den Fabrikanten Theodor Hesterberg errichtete prunkvolle Villa erschlossen. Sie hat geschwungene Ziergiebel und über dem Dachgeschoss einen achteckigen Turm. Alle Fenster enthalten Stuckrahmungen mit zum Teil reichhaltigen Ornamenten. Die Villa liegt in einer schönen Parkanlage und steht vor allem aus künstlerischen Gründen unter Denkmalschutz.

Als die amerikanischen Truppen 1945 von Süden aus Milspe befreiten, errichteten sie in einer der Villen am Schwarzen Weg für kurze Zeit ihre Militärkommandantur. Nachdem die Besatzung auf die Briten übergegangen war, wurde die Militärverwaltung an die Goethestraße in Gevelsberg verlegt.

Ein Soldat stand Wache vor der Militärverwaltung.

Die Villa Stockey an der Heinrichstraße

Vom Schwarzen Weg aus gelangen wir über die Heilenbecker und die Kirchstraße zur Heinrichstraße. Dort thront auf der rechten Seite, auf der Hardt gelegen, die imposante Villa der Familie Stockey. Diese war früher aus fast allen Himmelsrichtungen und sogar vom Bahnhof aus zu sehen,

Einfahrt zur Villa Stockey heute.

und wurde von den Gevelsberger Architekten Nau im Auftrag der Fabrikantenfamilie Stockey erbaut. Heute ist das Gebäude denkmalgeschützt, genauso wie die gestaltete Gartenfläche und die Einfahrt mit dem Tor. Der Fabrikant Gustav Stockey ließ um die Villa ein weitläufiges Gelände gestalten, um von der Terrasse auf seine Produktionsstätte, die an der Kölner Straße im "Alten Keller" gelegen war, blicken zu können. Ebenso wichtig war ihm der Blick auch über die vielen Fabriken im Milspetal zu Anfang des 20.Jahrhunderts.

Die 1913 erbaute Villa diente der Fabrikantenfamilie als Wohnhaus. Die Stadt Ennepetal erwarb später das Gebäude und nutzte es von 1963 bis 1998 als Behördenräume für das Baudezernat. Seit 1998 wird die schöne alte Villa wieder als Wohnstätte, ihrer ursprünglichen Bestimmung, genutzt. Die Firma Stockey existiert nicht mehr.

Das Ehrenmal auf der Hardt

Von der Heinrichstraße zweigt der Saarlandring ab, an dem sich das Ehrenmal auf der Hardt befindet. Der Wunsch, für die Gefallenen des Ersten Weltkrieges eine Gedenkstätte zu errichten, entstand schon früh durch die Geldspende eines unbekannten Bügers. 1936 forcierte die NSDAP das Projekt. Sie sammelte ebenfalls Geld und gab sogenannte Bausteine aus, und als Standort wurde das Gelände des Licht- und Luftbades auf der Hardt bestimmt.

Das Ehrenmal auf der Hardt früher.

Die Gedenkstätte sollte auch als Aufmarschgelände für NS-Veranstaltungen dienen. Nach der Ministergenehmigung begann 1938 der Bau, der im August 1939 abgeschlossen war. Kurz darauf wurde das Ehrenmal mit großem Aufwand unter Beteiligung der Wehrmacht eingeweiht. 1944 dachte man wegen der vielen Kriegstoten über eine Erweiterung nach. Die daraufhin in den Gräbern am Ehrenmal Bestatteten wurden Ende 1945 und im Sommer 1947 auf den Friedhof an der Wilhelmshöher Straße umgebettet. Noch heute finden im November am Volkstrauertag die offiziellen Feierstunden der Stadt Ennepetal auf dem Gelände vor dem Ehrenmal statt.

Vom Ehrenmal führt ein Weg am Bremenplatz vorbei zu den Berufsbildenden Schulen an der Wilhelmshöher Straße.

Den gesamten Siedlungsbereich dort oben nennt man Berninghausen, weiter oberhalb in Richtung Rüggeberg spricht man vom Ortsteil Homberge.

"Bausteine" für das Denkmal.

Das Berufskolleg des EN-Kreises

Wo jetzt an der Wilhelmshöher Straße die Gebäude des Berufskollegs des Ennepe-Ruhr-Kreises stehen, befanden sich zum Ende des Zweiten Weltkrieges Wohnbaracken, in denen Familien untergebracht waren, die in den Ruhrgebietsstädten ausgebombt worden waren.

Solche Notunterkünfte entstanden auf Befehl der NS-Führung im gesamten Reich. Das Baumaterial wie Mauersteine, Fenster usw. sollte aus den

Das Berufskolleg, von der Goethestraße aus gesehen.

Beständen der Bauherren oder aus den zerbombten Städten beschafft werden. Die Baracken sollten sich in die Landschaft einfügen und "nicht auf dem Präsentierteller liegen", wie es in dem Reichsbefehl hieß. In Milspe waren Ende 1944 die geplanten 24 Behelfsheime fertiggestellt. Diese Notunterkünfte bestanden aus nur zwei Räumen, eine der Baracken nutzte die Hitler-Jugend.

Bis Ende der 50-er Jahre standen die Behelfsheime dort oben an der Wilhelmshöher Straße, bevor die Kreisberufsschule gebaut wurde. Auf der Wiese gegenüber der Schule entstand später die Kreissporthalle. Zur Zeit der Erstellung dieses Buches wurde wegen Renovierungs-, Abriss- und Umbaumaßnahmen gerade ein Teil des Berufskollegs geräumt, der Unterricht wurde für drei Jahre verlegt in die leer stehende Schule auf der Friedenshöhe, die in den 60-er Jahren entstand.

Die Schule Friedenstal an der Esbecke

An der Kreuzung Schulstraße/Esbecker Straße steht das alte Gebäude der Schule Friedenstal. Es wurde im Jahre1888 als Evangelische Schule Esbecke gebaut. Im Jahre 1905 hatte sie bereits 660 Schüler, denn die 1901 errichtete Schule Wassermaus hatte nicht genügend Entlastung gebracht. Deshalb wurde bereits 1906 ein Erweiterungsbau eingeweiht.

Der Altbau der Grundschule Friedenstal.

Das Schulgebäude hat eine wechselvolle Geschichte: Es hieß erst Evangelische Schule, dann Pestalozzi-Schule, danach Mittelschule, Fortbildungsschule und Berufsschule Milspe, es war HJ-Heim und Altenheim, in dem viele Bewohner starben. Deshalb sprach der Volksmund bald vom "Engelchenheim". Seit 1963 heißt das Haus Schule Friedenstal. 1959 hatte sie einen Neubau hinzubekommen, und seit der Reform 1968 ist sie eine der Milsper Grundschulen.

Seit 1927 und dann nach dem Krieg wieder gab es übrigens im Keller der Schule eine öffentliche Badeanstalt, in der man gegen eine geringe Gebühr ein Wannenbad nehmen konnte.

Von der Schule Friedenstal aus gehen wir weiter bergab zur Voerder Straße/Ecke Gasstraße. Diesen Bereich nennt man die Esbecke.

Erbslöh und die alte VER

Früher fuhr die Linie 1 der Straßenbahn von Haßlinghausen aus über Gevelsberg und Milspe bis nach Voerde und umgekehrt. An der Kreuzung Esbecker Straße / Gasstraße /Voerder Straße fuhr die Bahn damals quietschend um die Kurve in Richtung Oehde und Ennepe-Brücke. Der Linienbetrieb folgte dann bergauf der Milsper Straße, und wo sich heute die Neustraße und der Hellweg-Parkplatz befinden, standen die Depot- und Bürogebäude der Straßenbahngesellschaft Ennepe, der heutigen Verkehrsgesellschaft Ennepe-Ruhr (VER). Von der Voerder Straße aus führten Schienen auf das Depotgelände. Erst 1984 war die Neustraße als Umgehungsstraße vollständig fertiggestellt. Für die VER wurde eine neue Zentrale am Wuppermannshof gebaut.

Die Esbecke, wie sie ehemals aussah.

Für die Umbauten an der Esbecke mussten die alten Produktionsräume der Firma Erbslöh weichen, und an der Gasstraße verschwanden später auch im Zuge der Stadtsanierung die dortigen Metall-Unternehmen. Teils stellten sie ihren Betrieb ein, teils wurden sie nach Oelkinghausen verlagert.

Auf dem Sanierungsgelände entstanden unter anderem der zentrale Busbahnhof Milspe, das Berlet-Parkhaus, das Postgebäude - inzwischen schon wieder für den Berlet-Neubau abgerissen - und das Haus Ennepetal. Nach gut vierzig Jahren soll nun auch dieses gelbe Bürgerzentrum abgerissen und in Etappen an derselben Stelle mit veränderter Funktion neu gebaut werden.

Wir sind nun unten "inne Milspe". Der Rat der Stadt Ennepetal hat seinerzeit entschieden, dass dies der geförderte Stadtkern Ennepetals sein soll.

Firma Wirth und heute Marktplatz

Wir folgen der Voerder Straße Richtung Westen, kommen an der Sparkassen-Zentrale vorbei, wo die umstrittene Fußgängerzone beginnt, und enden vorläufig am Milsper Marktplatz.

Vor mehr als hundert Jahren gab es weder die Stadt Ennepetal noch ein Zentrum. Die Gemeinde in diesem Bereich hieß Mühlinghausen, und den industriellen Teil im Tal nannte man seit ewigen Zeiten "inne Milspe".

Marktplatz Milspe: Hier war früher der Teich der Firma Wirth.

Die Milspe, das war der alte Name der Heilenbecke und ist ein keltisches Wort und bedeutet schwarzes Wasser.

Von der Ennepe aus wurde durch einen Obergraben ein großer Hammerteich gestaut, der fast den gesamten Bereich der heutigen Innenstadt umfasste. Die Voerder Straße war unbefestigt und schlammig. Von dem Teich profitierte die Firma Gustav Wirth, deren Fabrikationsanlagen ungefähr dort standen, wo sich heute der Marktplatz und dessen Randbebauung befinden. Das Unternehmen Gustav Wirth war über viele Jahrzehnte ein wichtiger Arbeitgeber, doch zu Beginn der 50-er Jahre stellte man den Betrieb freiwillig ein.

Als einzige Erinnerung geblieben ist die imposante Villa Wirth an der südlichen Seite der Voerder Straße.

Kapitel II – Altenvoerde

Die Kluterthöhle

Vom Marktplatz aus gelangt man über die Südstraße zum Haus Ennepetal und von dort über die Fußgängerbrücke auf die andere Seite der Ennepe und somit in den Stadtteil Altenvoerde und zum Eingangsgebäude der Kluterthöhle. Diese Schau- und Besucherhöhle ist nicht nur historisch interessant, sondern auch geologisch und als Naturdenkmal von überregionaler Bedeutung. Sie enthält zwar wenige Tropfsteine, aber dafür um so erstaunlichere vorzeitliche, Millionen Jahre alte Ablagerungen. Sie zeugen davon, dass hier in unserer Gegend einmal das Meer war.

Der Eingang der Kluterthöhle heute.

Die Kluterthöhle gilt als eine der längsten Naturhöhlen in Deutschland. Sie wird seit Jahrhunderten auch von Menschen befahren. Spuren zeugen davon, dass bereits im Dreißigjährigen Krieg die Bürger hier Zuflucht suchten. In der Bismarckhöhle nebenan entstand im Zweiten Weltkrieg sogar ein vollständig ausgebauter Luftschutzbunker.

Die Kluterthöhle steht unter Naturschutz, und um diesen Schutz und die weitere Erforschung der Höhlen in Ennepetal und Umgebung sorgt sich seit mehr als vier Jahrzehnten sehr erfolgreich der Arbeitskreis Kluterthöhle. Vielen Kindern bekannt ist die Sage vom Fuchs, der einen verirrten Wanderer aus der Tiefe des Berges lotste. Die Stadt Ennepetal hat deshalb den Fuchs als eine Art Wappentier adoptiert und an vielen Stellen des Stadtgebietes Fuchs-Statuen aufstellen lassen.

Kruse und das Industriemuseum

Der historische Saal im Kruse-Gebäude.

Wir wenden uns in Richtung Osten und gehen entlang der Neustraße zum Industriemuseum auf dem ehemaligen Gelände der Firmen Kruse und Debomi. Dort stehen neben dem Kruse-Backsteinbau, dem heutigen Ennepetaler Industriemuseum, das ehemalige Verwaltungsgebäude, ein Fachwerk-Schieferhaus, und der neuere Debomi-Komplex an der Neustraße, der von mehreren Firmen genutzt wird.

Im Jahre 1684 hatten die Unternehmens-Brüder Johann und Daniel Goebel aus Voerde das typisch bergische Wohnhaus in der Nähe des Kohlstadt-Hammer errichten lassen. Der dazu gehörende Hammerteich befand sich etwa dort, wo heute sich der Parkplatz von Netto und die Neustraße befinden.

Das Fabrikgebäude aus rotem Ziegel mit den interessanten Sprossenfenstern stammt aus dem 19. Jahrhundert. Es wurde ursprünglich von der Schraubenfabrik Bödeker, Ebbinghaus & Co. genutzt, später produzierte dort die Firma Kruse Guss hochwertige Metallteile, unter anderem auch für die amerikanische Raumfahrt.
Diese Gießerei-Tradition bewahrt dort nun auch das Industrie-Museum, das von einer gemeinnützige Stiftung um den Initiator Professor Dr. Reinhard Döpp getragen wird.

Der historische Kruse-Bau von außen.

Im renovierten historischen Saal mit den imposanten Metallsäulen in der mittleren Etage finden auch Veranstaltungen, Konzerte, Flohmärkte, private Feiern und Kunstausstellungen statt. Außerdem gibt es Gießerei-Vorführungen in den früheren Produktionsräumen und Oldtimer-Treffen vor dem Museum.

Das Hülsenbecker Tal

Das schöne Fachwerkhaus Hülsenbecke.

Über die Wilhelmshöher Straße gelangen wir rechts abbiegend in das Hülenbecker Tal, benannt nach dem kleinen Bächlein, das oben bei Willringhausen entspringt und neben dem Peddinghaus-Gelände in die weitaus breitere Ennepe mündet.

Vor gut 700 Jahren werden in einem Vertrag des Herren von Volmarstein und seiner Ehefrau Sophie über den Verkauf von Abgaben-Ansprüchen an den Grafen Adolph VI. von Berg einige Freigüter namentlich erwähnt, darunter auch Rüggeberg, Herminghausen, die Obere Hülsenbecke ("Holzbeke") und die Untere Hülsenbecke ("Lutteke Hulsbeke", das heißt kleine Hülsenbecke).

Am unteren Ende des Tales hat das kleinere Freigut Hülsenbecke gestanden, etwa dort, wo die jetzigen Gebäude als Wohnhaus und als Gastronomiebetrieb in der ehemaligen Scheune genutzt werden. In diesem Ensemble sticht besonders das mehrstöckige Fachwerkhaus Hülsenbecke Nr. 38 hervor, das etwa um 1790 gebaut wurde. Der Eingang befand sich ursprünglich auf der Talseite, wurde aber später an die Rückseite des Hauses verlegt. Es hat einen rechteckigen Grundriss und fünf Fensterachsen und die typisch bergischen grünen Schlagläden. Die Wetterseite ist verschiefert.

Die heute noch vorhandenen Teiche gehörten ursprünglich zu einem Hammerwerk oder einem Schleifkotten. In den 70-er Jahren des vergangenen Jahrhunderts ließ die Stadt aus dem unteren Talabschnitt einen Erholungspark gestalten, in den nicht nur eine Musikmuschel, sondern auch ein Kleintiergehege und die erwähnten Teiche integriert wurden. Später kam ein Wasserrad zur Stromerzeugung hinzu, doch im Laufe der derzeitigen Sanierungsarbeiten an den Teichen wurden dieses Wasserrad und der Generator abmontiert.

Ein Anziehungspunkt: Cafe Hülsenbecke.

Stadtbad "platsch" und Gut Ahlhausen

Neben der Hülsenbecke liegen im Tal der Ennepe seit mehr als sechs Jahrzehnten das Hallen- und Freibad "platsch" der Stadt Ennepetal sowie seit mehreren hundert Jahren das Gut Ahlhausen.

Dieses Gut wird erstmals um 1150 urkundlich erwähnt. Die burgähnliche Wehranlage steht auf einem Bruchsteinfundament mit Schießscharten und war eine befestigte Wohnstatt der Familie "von Adeleshusen", die von der Landwirtschaft und später auch von der Eisenerzeugung und dem Metallhandel lebte. Allerdings darf man sich nicht vorstellen, dass damit ein Adelstitel im engeren Sinne verstanden war. Im Schatzbuch der Grafschaft Markt aus dem Jahre 1485 ist ein "Hanß to Aelhusen" aufgeführt. 1770 ging das Gut an einen Moritz Bölling über. In der Frühzeit hatte das Gut Ahlhausen intensive landwirtschaftliche Beziehungen zum Stift in Gevelsberg.

Das Gut Ahlhausen ist in Privatbesitz.

Die Anlage liegt etwas oberhalb der Ennepe und hatte ursprünglich einen quadratischen Eckturm und eine Toranlage mit einer Gräfte, die von dem Bach Silbersiepen gespeist wurde. Von dieser Gräfte aus gab es auch eine Verbindung zum Teich der alten Ahlhauser Mühle, die auf der anderen Seite der heutigen Ennepetal-Straße neben dem Fluss Ennepe stand. Das eigentlich erhaltenswerte Mühlengebäude wurde in den 70er Jahren des vergangenen Jahrhunderts in einer Nacht- und Nebelaktion abgerissen. Das Gut Ahlhausen steht heute in einer frühbarocken Schlossform vor uns, wie sie durch Umbauten um 1670 und 1680 geschaffen wurde.

In Richtung Altenvoerde schließt sich das umfangreiche Firmengelände des Unternehmens Carl Dan. Peddinghaus an.

Die Firma Carl Dan. Peddinghaus

Das Unternehmen Carl Dan. Peddinghaus gehört nach einer Insolvenz seit einigen Jahren zu dem indischen Schmiede-Konzern, dem weltweit größten Unternehmen in der Branche, und heißt seither CDP Bharat Forge GmbH. Der Firmengründer Carl Daniel Peddinghaus stammte von dem Gehöft Peddinghausen in Zurstraße, das 1150 erstmals urkundlich erwähnt wird. Er war Kaufmann und zunächst als Kommissionär für die Brüder Goebel in Voerde tätig, bevor er im Jahre 1839 eine eigene Handelsgesellschaft gründete, zu der später auch Carl Theodor Altenloh als Teilhaber gehörte.

Ab der Mitte des 19. Jahrhunderts ging das Unternehmen zur Eigenproduktion über, weil die Unternehmen ihre Produkte selbst verkaufen und auf Kommissionäre verzichten wollten. 1873 entstand am jetzigen Standort in Altenvoerde an der Ennepe die erste Fabrikanlage von CDP. Bis dahin hatte Peddinghaus in einer gemieteten Schmiede oben auf Ebbinghausen und in einem Hammerwerk in Milspe landwirtschaftliche Werkzeuge wie Äxte, Beile, Hämmer und Hacken produziert. Der Firmengründer war bereits 1865 mit nur 56 Jahren gestorben, er hatte aber einen Sohn gleichen Namens, der das väterliche Erbe antrat. Er war verheiratet mit einer Tochter des Carl Theodor Altenloh, dem Teilhaber seines Vaters bei der Gründung des Unternehmens. So blieb alles in der Familie. Heute produziert Bharat Forge CDP in Ennepetal hochwertige Fahrwerks-Komponenten für den Automobilbau.

CDP Bharat Forge, früher Carl Dan. Peddinghaus.

Altes Rathaus an der Bismarckstraße

Der Rathaus-Altbau von der Hülsenbecke aus gesehen.

Etwas oberhalb der Firma Peddinghaus / Bharat Forge liegt an der Bismarckstraße das Ennepetaler Rathaus. Von der Mittelstraße aus ist es auch über einen schmalen Fußweg durch das Wäldchen zu erreichen. Das heute in der Farbe altrosa gestrichene alte Verwaltungsgebäude wurde zu Ende des 19. Jahrhunderts als Mädchenheim für die jungen Arbeiterinnen des Unternehmens Bödeker, Ebbinghaus & Co. gebaut. Die Firma produzierte unter anderem Holzschrauben in dem später von dem Unternehmen Kruse genutzten Werk. Zu Beginn des Ersten Weltkrieges wollte Bödeker das Haus der Militärverwaltung als Genesungsheim für verwundete Soldaten zur Verfügung stellen, doch das Generalkommando hatte kein Interesse.

In den früher 30-er Jahren war in dem Haus kurzzeitig ein Hotel untergebracht, und seit dem Jahre 1937 wird es als Verwaltungsgebäude genutzt - zunächst von der Amtsverwaltung Milspe-Voerde und seit der Stadtgründung am 1. April 1949 von der Ennepetaler Stadtverwaltung. Inzwischen wurden von der Stadt nebenan - im Abstand von mehrern Jahrzehnten - zwei Neubauten errichtet. Im hier besprochenen Altbau befinden sich eine Nebenstelle des Jobcenters des EN-Kreises, Teile der Ennepetaler Bauverwaltung und der Sitzungssaal für die politischen Ausschüsse des Stadtrates. Der Stadtrat selbst tagt seit Jahren im großen Saal des Hauses Ennepetal.

Mühle und Gasthaus Benfer

Gegenüber der Einmündung der Bismarckstraße in die Loher Straße steht seit einigen Jahren das Alten- und Pflegeheim Helvita. Hier befanden sich früher die Mühle und der Mühlenteich des Heinrich Benfer, die sogenannte "Loher Mühle". Der Teich wurde von der Loher Becke gespeist.

Heinrich Benfer stammte aus dem Wittensteinischen und war zunächst Bäcker-Gehilfe, später richtete er in der Ahlhauser Mühle eine eigene Bäckerei ein. 1887 trennte er sich von Ahlhausen und errichtete die hier erwähnte Loher Mühle, die er als Lohnmühle überwiegend für die Landwirte betrieb, er mahlte aber auch für die nahe gelegene Brauerei der Familie Altenloh in Altenvoerde. Einen Mühlenbetrieb hatte es übrigens an diesem Loher Bach schon seit etwa sechs Jahrzehnten gegeben.

Bald nach dem Mühlenbau ließ Heinrich Benfer an der Ecke Loher Straße / Mittelstraße zusätzlich eine Gastwirtschaft bauen. Dieses Gebäude steht nicht mehr, die Stadt ließ hier öffentliche Parkplätze bauen. Ebensowenig erhalten ist die frühere Gastwirtschaft auf der anderen Straßenseite, auch hier entstand ein Parkplatz.

Diese Loher Mühle brannte, obwohl eigentlich genug Wasser vorhanden war, im Jahre 1900 nieder. Der Müller Heinrich Benfer starb 1906, sein Sohn Gustav betrieb die nach dem Brand wieder aufgebaute Wassermühle noch bis 1936 als Schrotmühle weiter. Mit ihrem Auslaufen wurde in jenem Jahre die letze Mühle im Voerder Ortsteil Altenvoerde geschlossen.

Das Altenheim steht dort, wo die Loher Mühle mahlte.

Wir gehen nun auf dem unteren Teil der Loher Straße weiter bergab in Richtung Einmündung in die Mittelstraße.

Deutsches Haus - heute Rimini

An der Ecke Loher Straße /Mittelstraße, wo früher eine Gaststätte stand, befindet sich heute ein kleiner öffentlicher Parkplatz. Die Mittelstraße war ehemals das Zentrum Altenvoerdes, doch inzwischen stehen auch hier Ladenlokale leer. Hier fand man das Textilhaus Deppe und ein Kino - beides Geschichte. In dem ehemaligen Kino befindet sich heute das Lager eines Installateurs.

Das Restaurant Rimini an der Mittelstraße.

Die Bahnhof-Apotheke gibt es noch, den Bahnhof aber nicht. Die Gaststätte "Zum Rathaus" heißt heute "Bei Günna". Nebenan findet man die Bäckerei Gremme, früher Repik und davor Wiggenhagen. Es ist das Elternhaus des früheren Ennepetaler Bürgermeisters Wilhelm Wiggenhagen. An der Einmündung der August-Bilstein-Straße, der Zufahrt zum Aubi-Werksgelände, steht das alte Haus mit dem Restaurant Rimini im Erdgeschoss. Ursprünglich hieß das Lokal Deutsches Haus, und das gehörte der Familie Ebbinghaus. Zeitweise war es unter dem Namen Picasso verpachtet, dann führte die Familie wieder kurze Zeit das Lokal selbst, bevor es vor geraumer Zeit in die Pizzeria Rimini umgewandelt wurde.

Heute Rimini, früher Gaststätte Ebbinghaus.

Im Haus auf der gegenüberliegenden Straßenseite führte Emil Prümmer sein legendäres Cafe. Heute ist dort unter dem Namen Boxen-Stopp eine Art Kantine für die Beschäftigten der Firma Thyssen-Krupp Bilstein untergebracht. Unser Weg führt uns weiter in Richtung Milsper Straße, wo sich der griechische Thomas-Grill, ein Kiosk und das Restaurant Haus Grebe befinden.

Zur alten Post - Haus Grebe

Das Restaurant Haus Grebe an der Ecke Milsper Straße / Mittelstraße steht in dieser Form erst seit gut drei Jahrzehnten, denn es war 1987 in einer kalten Winternacht - zwischen Weihnachten und Neujahr - abgebrannt und an derselben Stelle in moderner Form wieder aufgebaut worden. Benannt ist es seit der Übernahme 1953 nach der Gastwirtsfamilie Willi Grebe, doch bei seiner Errichtung hatte es einen anderen Namen. Die Restauration hieß ursprünglich Gasthof Albers und auch Gasthof zur Post. Beide Schriftzüge finden sich auf alten Fotos auf der Schieferfassade. Julius Albers war nicht nur der Wirt des Hauses, sondern er betrieb auch die Altenvoerder Poststelle.

In diesem Traditionslokal wurde am 9. Februar 1884 auch der Turnverein Altenvoerde im Sinne von Turnvater Jahn gegründet. Etwa fünfzehn junge Männer waren damals dem Aufruf von Hauptlehrer Drucks zur ersten Versammlung gefolgt. Julius Albers stellte auch den Saal der Gaststätte als Turnraum zur Verfügung, für Turngeräte sammelten die Gründungsmitglieder insgesamt 76 Reichsmark ein. Geturnt wurde jeden Sonntagmorgen, und weil der Saal bald zu klein wurde, ließ die Witwe von Julius Albers 1887 für 1.300 Reichsmark das alte Brauhaus auf der gegenüberliegenden Straßenseite zur neuen Turnhalle umbauen.

Heute befindet sich in den Räumen des alten Gasthofes Albers ein internationales Restaurant.

Vom Haus Grebe aus gehen wir ein kurzes Stück auf die andere Straßenseite zum "Haus Lohmann".

Der Gasthof Albers / Zur Post früher, heute Haus Grebe.

Der Bauernhof Haus Lohmann

In alten Karten wird der Ortsteil Altenvoerde noch mit "Unterbauer" bezeichnet, in Anlehnung an Oberbauer. Allerdings ist Altenvoerde eigentlich der Ursprung der früheren Gemeinde Voerde, denn das Wort kommt von Furt und meinte den Übergang an der Ennepe, dort, wo heute die Discounter Penny und Aldi stehen.

Das Haus Lohmann ist der alte Hof Altenvoerde.

Das Haus Lohmann hieß zunächst Hof Altenvoerde, wie sein Besitzer, und steht möglicherweise dort, wo man den ursprünglichen Siedlungspunkt Voerde vermuten kann. Bei dem Gebäude handelt es sich um ein zweigeschossiges Fachwerkhaus, das nach Auffassung der unteren Denkmalbehörde aus dem 18. Jahrhundert stammt. Bereits im Urkataster der Gemeinde Voerde von 1830 ist es verzeichnet. Die Traufseite ist verschiefert, die Giebelseite zur Milsper Straße hin zeigt offenes Fachwerk.

Als in den 80er Jahren des vergangenen Jahrhunderts Pläne zum Abriss des imposanten Hofes bekannt wurden, wehrte sich eine Bürgerinitiative erfolgreich dagegen. Das Denkmal blieb erhalten und wurde an zwei Altenvoerder Familien verkauft. Der Name Haus Lohmann und die Lohmannstraße deuten auf die ursprünglichen Besitzer hin, die dort neben der Landwirtschaft auch den Metallbetrieb Lohmann unterhielten.

Wir gehen noch einige Schritte die Milsper Straße bergauf und biegen nach links in die steile Hochstraße ab, an der etwa auf halber Höhe die evangelische Kirche steht.

Die Kapelle - heute Martin-Luther-Kirche

Die Evangelische Kirchengemeinde Voerde besteht aus mehreren Pfarrbezirken, in denen es jeweils Predigtstätten gibt. Für den Bezirk Altenvoerde wurde 1928 an der Hochstraße / Ecke Vom Hofe-Straße die sogenannte "Kapelle" gebaut.

Mehrere Male wurde im Laufe der Jahrzehnte das Gebäude umgebaut, und nach dem Zweiten Weltkrieg wurde zudem ein schmuckloser Glockenturm aus Beton daneben gesetzt. In den 1980er Jahren bekam die Kapelle auf Betreiben von Pfarrer Udo Winkler den offiziellen Namen Martin-Luther-Kirche. In der Kirche stehen keine Bänke, sondern sie ist bestuhlt und daher sehr variabel zu nutzen. Öffnet man die Verbindungstür zum hinteren Gruppenraum, dann fasst das Haus etwa 250 Gläubige oder Besucher, je nach Anlass, denn in der Martin-Luther-Kirche finden traditionell auch hochwertige Konzerte statt.

Sehenswert ist das Chorfenster, das die Künstlerin Elisabeth Altenrichter-Dicke aus farbigen Glasbausteinen gestaltet hat. Auch das Altarkreuz vedient Erwähnung. Es ist schlicht gehalten und wird verziert durch den Text des Vater unser und durch einen Spruch aus dem Johannes-Evangelium.

Geht man die Hochstraße weiter bergauf und rechts in die Brinker Straße, kommt man zum früheren Schützenhof.

Die Martin-Luther-Kirche hieß früher nur "die Kapelle".

Druckerei Schläper - früher Schützenhof

An den Schützenhof erinnert nur noch der Name der dort nach Norden abzweigenden Schützenstraße, denn die Altenvoerder verbinden mit dem Gebäude heute die Druckerei und Familie Schläper. Der Vorfahre kam 1781 aus Dahl an die Boesebecke in Voerde. Dort übernahm er eine Gaststätte, und sein Sohn ließ 1825 das jetzige Gebäude an der Ecke Milsper / Boesebecker Straße errichten. Auch eine Hausbrauerei gehörte dazu. Später trug die Wirtschaft den Namen Jähnert, auch das ein angeheirateter Nachkomme des ersten Schläper.

Ehemals Druckerei Schläper, davor Schützenhof.

Der Enkel Friedrich Wilhelm Schläper eröffnete 1886 eine Buchbinderei an der Milpser Straße in den Räumen, in denen sich heute der Thomas-Grill befindet. Später kam eine Druckerei hinzu, die zeitweise im gegenüberliegenden Haus Lohmann arbeitete. 1920 kauften die Schläpers den hier vorgestellten Schützenhof an der Brinker Straße, um dort ihre Druckerei unterzubringen. Ab 1925 gaben sie die Milspe-Voerder Zeitung heraus, für die ab 1928 Friedrich Wilhelm Schläper jun. als Redakteur verantwortlich war. Er hatte bei seinem Vater die Druckkunst erlernt und war zuvor Volontär bei der Schwelmer Zeitung.

Der Journalist Wilhelm Schläper.

1961 verkauften die Schläpers den Betrieb zunächst an den Süßwarenhändler Simon, der das Gebäude 1968 an die Druckerei von Ernst Koch weitergab. Die Milspe-Voerder Zeitung ging in der Gevelsberg/Ennepetaler Zeitung auf, Friedrich Wilhelm Schläper junior, geboren im August 1899, starb im Jahre1974.

Die Altenvoerder Brauerei Altenloh

Von der Brinker Straße aus biegen wir nach rechts in die Ischebecker Straße. Vor der Linkskurve liegt auf der linken Seite die ehemalige Brauerei der Familie Altenloh. Sie wurde von Emil Altenloh, dessen Großvater Caspar Theodor die Firma ABC mit ins Leben gerufen hatte, im Jahre 1868 gegründet.

Das Emaille-Schild der Brauerei Altenloh hängt im Stadtarchiv.

Emil Altenloh kam aus der Landwirtschaft, und ob er das Brauhandwerk gelernt hatte, ist nicht bekannt. Unterhalb des Hauses Altenloh, an der heutigen Ischebecker Straße, entstand neben dem Wohnhaus von Emil Altenloh das dreistöckige Backsteingebäude der Brauerei. Vor dem Wohngebäude befanden sich auch die Stallungen, vermutlich für die Brauereipferde. Im Hang auf der gegenüberliegenden Straßenseite wurde ein Eiskeller eingerichtet, dessen Zugang man heute noch sieht. Der Brauereibetrieb lief sehr gut, und das Bier hatte schnell einen hervorragenden Ruf, sogar über die Gemeindegrenzen hinaus. 1870 wurde bereits über einen Neubau nachgedacht.

Nach Emils Tod 1904 übernahm die Ehefrau Laura die Leitung, doch sie wurde schlecht beraten und hatte wenig Geschick, mit Geld umzugehen. 1906 wurde die Brauerei in eine Genossenschaft umgewandelt, gegen Ende des Ersten Weltkrieges stellte sie den Betrieb ein. Die Firma Asbeck übernahm die Gebäude, um hier Schafscheren herzustellen. Heute wohnt dort eine junge Familie.

Emil und Laura Altenloh hatten zwei Töchter. Eine war Emilie, die später unter dem Namen Dr. Kiep-Altenloh Senatorin in Hamburg, Mitbegründerin der FDP und Bundestagsabgeordnete war.

In der ehemaligen Brauerei wohnt heute eine Familie.

Das Haus Altenloh an der Ischebecke

Die Familie Altenloh vor mehr als hundert Jahren.

Oberhalb der ehemaligen Brauerei, etwas erhöht, steht das Haus Altenloh. Der imposante verschieferte Fachwerkbau hat vor wahrscheinlich etwa 300 Jahren der Johann Caspar Altenloh errichten lassen. Die Familie Altenloh war danach vielfach verschwägert mit anderen Unternehmerfamilien, und sie gehörte zu den Gründern des heutigen Weltunternehmens Altenloh, Brinck & Co. (ABC), bekannt durch ihre Spax-Schrauben. Der Ortsteil Altenloh gehörte damals zum Brinkerkotten bzw. Brinkerhof.

Das Haus Altenloh ist noch in seinem ursprünglichen äußeren Zustand erhalten und steht deshalb unter Denkmalschutz. Schon Pastor Müller erwähnt es 1789 in seiner "Choragraphie von Schwelm - Anfang und Versuch einer Topographie der Grafschaft Mark". Zu Anfang des 19. Jahrhunderts wurde an der Südseite eine kleine Werkstatt eingerichtet, und das ist der Ausgangspunkt der Firma Altenloh, Brinck & Co. Unterhalb des Hauses liegt ein von der Ischebecke gespeister Teich.

Das Haus Altenloh gehört zur Stiftung Loher Nocken.

Das Haus war Wohnsitz der ehemaligen Hamburger Senatorin und Bundestagsabgeordneten Dr. Emilie Kiep-Altenoh. In den 80-er Jahren des vergangenen Jahrhunderts ging das Ensemble in das Eigentum der gemeinnützigen Stiftung Loher Nocken über, die dort seither eine Außenwohngruppe für von ihr betreute junge Menschen betreibt. Die Adresse ist Ischebecker Straße 13, jedoch steht in älteren Adressbüchern noch die Anschrift Brinker Straße 21.

Kapitel III – Voerde

Häufgen und die Realschule

Von der Ischebecker Straße führt unser Rundgang über die Eendracht- und weiter links durch die Steinnockenstraße zum Ortsteil Häufgen, der im Grenzbereich zwischen Voerde und Altenvoerde liegt. Der Name geht auf die Erhebung des Geländes zurück, die niedriger ist als die Voerder Höhen und die seit Urzeiten bebaut ist.

Die Bewohner am Häufgen sind bekannt für ihre gute Nachbarschaft. In der Mitte liegt das große Schulgebäude, seinerzeit für das Progymnasium errichtet und später jahrzehntelang Städtische Realschule. Diese Realschule läuft nun aus, und das Gebäude wird als Teilstandort der Sekundarschule weiter benutzt.

Häufgen nennt man den Bereich um die frühere Realschule.

Hinter der Schule befand sich früher ein kleiner Turnplatz, der zuletzt als Hundesportplatz genutzt wurde und der im Volksmund allgemein Hindenburgplatz genannt wurde. So sollte auch die neue Straße heißen, an der in den 80-er Jahren Eigenheime gebaut wurden, doch gab es politischen Protest gegen den Namen Hindenburg, der seinerzeit Adolf Hitler ins Amt verholfen hatte. Das neue Baugebiet bekam daher den Namen Wilhem-Crone-Hain, benannt nach dem Lehrer und Heimatforscher Wilhelm Crone. Der Name Häufgen fand sich auch lange im Namen der Gaststätte Voss am Häufgen, die jedoch nach einem kurzen Intermezzo als italiensiches Restaurant nun schon seit einigen Jahren leer steht. Nun heißt nur noch die Bushaltestelle Häufgen.

Weiter geht es nun auf der Milsper Straße bis zur Abzweigung der Boesebecker Straße nach rechts.

Die frühere Firma Carl August Bauer

An der Ecke Milsper Straße / Boesebecker Straße steht die alte Villa Bauer, die dem gleichnamigen Unternehmer gehörte. Bauer war im Jahre 1865 in die Firma Peddinghaus & Altenloh eingetreten.

Die Villa Bauer an der Boesebecker / Ecke Milsper Straße.

1867 heiratete er die Tochter seines Arbeitgebers Carl Daniel Peddinghaus, und durch diese Ehe wurde er auch der Schwager von Carl August Bilstein und dessen Schwester Helene - beide waren Kinder des Unternehmers Ferdinand Daniel Bilstein.

1869 machte sich Carl August Bauer an der Bösebecke mit einer Gesenkschmiede und Schraubenfabrik selbständig, die im Laufe der Jahrzehnte immer mehr wuchs. Dann aber musste das Traditionsunternehmen im Jahre 2010 wegen massiver Absatzprobleme Insolvenz anmelden und schließen. Einige Jahre standen die Fabrikhallen leer, bis die Voerder Firma febi (Ferdinand Bilstein GmbH + Co. KG) dorthin expandierte und das Gelände erwarb, die Gebäude abreißen und eine moderne Produktions- und Lagerhalle errichten ließ. Auf dem Dach ließ febi eine der größten Fotovoltaikanlagen der Region aufbauen.

Der Unternehmer Carl August Bauer war in Voerde ein angesehener Bürger. Er gehörte dem Gemeinderat an und war im Voerder Schützenverein aktiv und um die Jahrhundertwende zum 20. Jahrhundert sogar Schützenkönig.

Ein Blick auf die Firma Bauer aus frühen Tagen.

Weiter geht es die Milsper Straße bergauf in Richtung katholische Kirche und Dorfkern Voerde.

Die katholische Kirche St. Johann Baptist

Etwas erhöht thront links über der Milsper Straße seit gut hundert Jahren das katholische Gotteshaus St. Johann Baptist Voerde. Es wurde in den Jahren 1907 und1908 erbaut und am Palmsonntag des Jahres 1908 feierlich eingeweiht.

In der zweiten Hälfte des 19. Jahrhunderts waren auch zahlreiche Katholiken mit ihren Familien zum Arbeiten an die Ennepe gekommen. Eine amtliche Erhebung ergab 1897 für Voerde die Zahl von 186 Katholiken, und das wiederum gab den Anstoß für das Generalvikariat des Erzbistums Paderborn, in Voerde eine Vikarie der Hagener Pfarrei St. Marien einzurichten. Die ersten Gottesdienste wurden in Haarmanns Saal (An der Kirche 4) abgehalten. Ab 1906 wurde die Vikarie Voerde an die Pfarrei St. Bonifatius Haspe angeschlossen, und im Folgejahr begann man mit dem Bau der Kirche an der jetzigen Stelle.

Die katholische Kirche St. Johann Baptist Voerde.

Das Gotteshaus wurde im Stil der Neuromanik, erkennbar an den runden Fensterbögen und den Türmen, und ganz in Bruchstein-Mauerwerk errichtet.

Angelehnt ist der Baustil an den romanischen Dom zu Speyer. Ursprünglich befanden sich die Altarnische, wie in katholischen Kirchen üblich, auf der Ostseite und der Haupteingang gegenüber im Westen. Im Rahmen einer Erweiterung wurde in den Jahren 1962 bis 1964 der Altarraum nach Westen verlegt. Das Innere der Kirche enthält Wand- und Deckenmalereien des Ennepetaler Künstlers El Shalom Wieberneit. Im Umtergeschoss befinden sich Tagungs- und Gemeinschaftsräume.

Wir folgen der Milsper Straße weiter bergauf bis zum Beginn der Wilhelmstraße und kommen zu Heimhardts Bau.

Heimhardts Bau an der Lindenstraße

An der Ecke Milsper Straße / Lindenstraße steht der imposante halbrunde Heimhardt'sche Bau. Er entstand in den Jahren 1907 und 1908 und war schon in der Bauphase bei den Voerdern wegen seiner ungewöhnlichen Höhe umstritten.

Der Erbauer Hermann Heimhardt war in Voerde Gemeindevertreter. 1904 legte er dieses Amt nieder, um die von Meininghausen stammende Wirtin der Gaststätte "Zum alten Brandteich" zu heiraten und die Wirtschaft zu übernehmen. Er nannte das Haus, das auf dem Gelände des heutigen evangelischen Gemeindehauses stand, um in "Zum Deutschen Hermann". Einige Jahre später beantragte er eine Baugenehmigung für den jetzigen Heimhardt'schen Bau, der ursprünglich nur zweigeschossig werden sollte. Weil aber auf dem sumpfigen Grund mächtige Fundamente nötig waren, erweiterte Heimhardt die Baupläne auf fünfgeschossig, um die Kosten umlegen zu können. Das Haus hatte zwei Eingänge: Goebelstraße 2 (später Lindenstraße) und Milsper Straße 2. Das Geschäftslokal im Erdgeschoss hatte vor dem 2. Weltkrieg der Drogist Erwin Dannert, der dort auch seinen Kräuterlikör "Ollen Branddieker" verkaufte. Heute ist in dem Ladenlokal an der Ecke ein Computerfachgeschäft untergebracht.

Heimhardts Bau an der oberen Milsper Straße.

Hermann Heimhardt starb 1933 mit nur 55 Jahren, sein Sohn Hermann, der zeitweise Landrat in Meschede war, übernahm die Immobilie und wohnte dort bis zu seinem Tod 1972. Heute steht das Gebäude unter Denkmalschutz. Unser Spaziergang geht nun ein paar Schritte weiter an der Lindenstraße entlang, der sich die nächsten Artikel widmen.

Das ehemalige Haus der Begegnung

Ein schönes klassizistische Gebäude steht an der westlichen Seite der Lindenstraße - das ehemalige Haus der Begegnung wurde im Jahre 1835 von dem damaligen Fabrikanten Eduard Spannagel erbaut. Das Gebäude wurde deutlich zurückgesetzt und alleinstehend als Wohnhaus für seine Familie errichtet. Unterhalb dieser Stelle befanden sich der Gutshof des Voerder Kirchhofs und die Ländereien der Evangelischen Gemeinde Voerde genau unterhalb der Johanniskirche. 1663 war dieses Gut an Hermann Meininghaus verpachtet worden, der 1678 Kirchenmeister wurde.

Das Haus der Begegnung an der Lindenstraße früher.

1908 erwarb die politische Gemeinde Voerde das Gebäude kostengünstig von Otto Voormann. Der hatte 1890 in die Familie Spannagel eingeheiratet. Nun konnte der Amtmann Carl Gutjahr in das Obergeschoss einziehen, während die unteren Räume als Amtsstuben dienten. Bis 1937 war das Gebäude das Voerder Amtshaus, danach nutzten die Nationalsozialisten es als "Haus der NSDAP".

Nach dem Krieg wohnten dort zunächst auf engstem Raum mehrere Familien, bevor es als Begegnungsstätte für die Voerder Bürger umgewidmet wurde. Auch eine Zweigstelle der Stadtbücherei zog dort ein, und nach dem aufwändigen Umbau im Jahre 1990 beherbergte es auch über mehrere Jahre das Stadtarchiv. Vor dem Haus steht ein Nachtwächter-Denkmal der Wuppertaler Künstlerin Ulle Hees. Heute sind in dem Gebäude auch Privatfirmen untergebracht.

Schräg gegenüber vom Haus der Begegnung ragt der Turm der evangelischen Johanneskirche in den Himmel.

Die evangelische Kirche Johannes der Täufer

Leicht erhöht steht auf der östlichen Seite der Lindenstaße die evangelische Pfarrkirche Johannes der Täufer. Das seit einigen Jahrzehnten weiß gestrichene Gebäude ist sicher das bedeutendste Baudenkmal im Bereich der heutigen Stadt Ennepetal.

Aus dem Jahre 1547 ist überliefert, dass die dortige steinerne Kirche im gotischen Stil vergrößert wurde. 1735 wurde eine Sakristei angebaut, doch schon 1780 legte man unter Pfarrer Reichenbach die baufällig gewordene Kirche nieder und baute in barockem Stil einen neuen und höheren, rechteckigen Kirchenraum mit einer umlaufenden Empore, während der Turm erhalten blieb. In der Kirche steht noch der Tabernakel aus dem Jahre 1360, und ein besonderer Anziehungspunkt ist der Hochaltar mit dem Bild vom letzten Abendmahl Jesu mit seinen Jüngern. Der Choraufbau stammt vom Meister Johann Wilhelm Genckel. Über dem Altar befindet sich die Predigtkanzel, die man über eine Treppe hinter dem Altar erreicht. Der Taufstein hat die Form eines Kelches, und von besonderem Interesse ist die wohlklingende Holy-Orgel mit 29 Registern und 1954 Pfeifen - übrigens die fünfte Orgel in der Geschichte der Pfarrkirche. Während der Evakuierung und Besetzung Voerdes in den Jahren nach dem Zweiten Weltkrieg wurde auch die Evangelische Johanniskirche erheblich beschädigt.

Ein bedeutendes Denkmal: Die Ev. Kirche Voerde.

Vom Kirchplatz aus, dem ehemaligen Friedhof der Gemeinde, gelangt man über eine Treppenanlage wieder hinunter auf die Lindenstraße, dem Zentrum des Dorfes Voerde.

Als Voerde evakuiert werden musste

Kurz nach dem Ende des Zweiten Weltkrieges mussten alle Voerder ihre Häuser verlassen - das Dorf wurde auf Befehl der Besatzungsmacht für sogenannte "Displaced Persons" (Heimatlose) zur Verfügung gestellt. Die Mieter und Eigentümer durften nur das Notwendigste mitnehmen. Viele kamen bei Freunden oder Verwandten unter, und die meisten glaubten, diese Evakuierung werde nur wenige Wochen dauern. Tatsächlich jedoch dauerte sie mehrere Jahre.

Nacheinander kamen Russen, Italiener und schließlich Serben nach Voerde. Viele waren ehemalige Fremdarbeiter oder Kriegsgefangene, die nicht in ihre bisherige Heimat zurück konnten. Am längsten waren die Serben einquartiert, die aus Voerde damals sogar einen der größten Schwarzmärkte in Westdeutschland machten. Auch die Straßen bekamen Namensschilder in kyrillischer Schrift, und als der jugolawische König Peter II. aus seinem Londoner Exil seine Landsleute in Voerde besuchte, organisierten die ehemaligen königstreuen Offiziere auf dem Sportplatz Tanneneck eine Parade für den erst 22 Jahre alten König. Gewohnt hat er im Hause Dannert an der Wilhelmstraße. Übrigens konnte man im Jahre 2017 die prunkvollen Bilder einer königlichen Hochzeit in der Belgrader Kathedrale sehen - geheiratet hatte Zar Peters Enkel.

Auch König Peter besuchte die Serben in Voerde.

Als die Voerder in ihre Häuser zurück konnten, waren alle Inneneinrichtungen zerstört. Der Staat und die Stadt zahlten eine Entschädigung, die jedoch längst nicht ausreichte.

Wir gehen nun auf der Lindenstraße weiter zum Friedhofsweg, an dem sich der Haupteingang zum Voerder Friedhof befindet.

Die Kapelle auf dem Friedhof Voerde

Für die Beisetzungsfeiern auf dem ehemals evangelischen Friedhof wurde schon früh eine kleine Kapelle gebaut, eine Rotunde, die schon um 1850 mittig im ältesten Teil des kleinen Friedhof in der Nähe zum heutigen Haupteingang stand.

In den Jahren 1901 und 1902 ließ die Evangelische Kirchengemeinde Voerde eine neue Friedhofskapelle errichten. Sie wurde von einem Sohn der Gemeinde, dem Baurat Ewald Figge aus Hagen, erbaut. Weil aber auch diese Kapelle zu klein geworden war, wurde sie in den Jahren 1952 und 1953 erstmals nach den Plänen des Ennepetaler Architekten Ludwig Adam umgebaut.

Die Kapelle auf dem nun städtischen Friedhof in Voerde.

Der starke Bevölkerungszuwachs des Ennepetaler Stadtteils Voerde machte einen weiteren Umbau zur Erweiterung der Kapelle notwendig, die im Jahre 1982 in den Sommermonaten durchgeführt wurde. Die Pläne hierfür machte der Ennepetaler Architekt Dieter Niggeloh. Die Kapelle erhielt, nachdem das Ludwig-Steil-Haus in Hasperbach zu Anfang der 1970er Jahre eine neue Orgel bekommen hatte, das ursprünglich dort stehende Harmonium, ein Continuo-Positiv.

Das von der Ennepetaler Künstlerin Elisabeth Altenrichter-Dicke geschaffene Kunstwerk "Christus als Weltenrichter" ziert die nördliche äußere Giebelwand. Es entstand im Zusammenhang mit der ersten Erweiterung im Jahre 1953.

Wir bleiben für einen weiteren Besuchspunkt auf dem Friedhof.

Die Kriegsgräber und das Denkmal

Auf dem Voerder Friedhof findet man ein imposantes Kriegerdenkmal für die Gefallenen des Ersten Weltkrieges. Es wurde im ersten Drittel des 20. Jahrhunderts von dem Kasseler Bildhauer Eduard Timäus für die Gefallenen des Ersten Weltkrieges errichtet. Den Auftrag dazu hatte die politische Gemeinde Voerde gegeben.

Nach Auffssung des Voerder Heimatforschers Hermann Hirschberg (†) handelt es sich um eines der schönsten und künstlerisch wertvollsten Kriegsmahnmale in der näheren und weiteren Umgebung, denn es heroisiert nicht die Krieger, sondern zeigt die Trauer einer Frau. Sie sitzt, die Beine überkreuzt und den Oberkörper mit dem linken Arm rückwärts abstützend und den Kopf in die rechte Hand lehnend in Trauer um die Opfer kriegerischen Wahns. Das Mahnmal lehnt sich an eine Stützmauer aus Naturstein an. Wegen der orts- und zeitgeschichtlichen Bedeutung steht es unter Denkmalschutz.

Das Kriegerdenkmal wurde nach dem I. Weltkrieg errichtet.

Später wurden in den Rasen vor dem Denkmal auch Platten mit den Namen der im Zweiten Weltkrieg Gefallenen eingelassen. Außerdem finden sich in der Nähe die Gräber zahlreicher russischer und serbischer Fremdarbeiter, die in Voerde durch die meschenunwürdige Behandlung und durch verschiedene Krankheiten ums Leben kamen.

Durch den unteren Friedhofsausgang führt ein Fußweg durch das Wäldchen auf die Wiesenstraße und zur Firma febi.

Die Firma febi - Ferdinand Bilstein

Schon von weitem sieht man die modernen Neubauten des Unternehmens febi (Ferdinand Bilstein GmbH & Co KG) an der unteren Wilhelmstraße. Dort stand im Jahre 1844 auch der Kern dieser weltweit tätigen Firma, die Ferdinand Daniel Bilstein gegründet hatte. Das damals errichtete Wohnhaus ist noch in Familienbesitz erhalten.

Die 511 fährt heute noch zwischen den Febi-Werken.

Nachdem die traditionsreiche Gesenkschmiede C. A. Bauer an der Milsper Straße / Gewerbestraße vor einigen Jahren wegen Insolvenz geschlossen worden war, erwarb die Firma febi auch diese Grundstücke, ließ die alten Werksteile abreißen und errichtete dort eine neue Zentrale, die im Sommer des Jahres 2017 feierlich eröffnet wurde. Auf dem Dach befindet sich eine der größten Solarstrom-Anlagen weit und breit.

"Vom Hammerwerk zum Automobil" hat die Historikerin Irene Rumpler im Untertitel ihr 2010 erschienenes Buch über die Geschichte der Firma Ferdinand Bilstein genannt. Darin bereitet sie auch die frühe Geschichte der Bilsteins aus dem gleichnamigen Ortsteil Bilstein auf.

Das älteste Dokument zur Unternehmensgeschichte aus dem Jahre 1695 nennt einen Peter zum Bilstein, der Landbesitzer in diesem Ortsteil war. Im Altenvoerder Hütten- und Hammerbuch werden die Bilsteins als Fuhrleute erwähnt, die das verhüttete Eisenerz zur Weiterverarbeitung in das Ahlhauser Hammerwerk beförderten. Auch für den Transport von Holzkohle für die Hütte und für den Hammerwerksbesitzer Johann Caspar Harkort wurden die Bilsteins engagiert. Nach 1800 hatten sie selbst einen Eisenhandel und ein eigenes Hammerwerk, zwischen Voerde und Oberbauer gelegen. Später betrieben die Bilsteins ein Fabriksken, und aus der Schrauben- und Facon-Dreherei entwickelte sich der heutige Großbetrieb zur Herstellung und zum weltweiten Vertrieb von Auto-Ersatzteilen.

Bei der Eröffnung des neues Werkes an der Gewerbestraße berichtete der junge Firmenchef Jan Siekermann, ein direkter Nachkomme Ferdinand Bilsteins, dass inzwischen 1.900 Menschen für febi tätig sind und einen Jahresumsatz von mehr als einer halben Milliarde Euro erwirtschaften. Auch Schesterwerke unter anderem in Großbritannien gehören zu dem Unternehmen.

An der neuen Hagener Straße entlang aufwärts gehend, kommen wir nun zum Voerder Kirmesplatz.

Das neue Werk an der Hagener Straße /Ecke Wilhelmstraße.

Kirmes in Voerde seit zwei Jahrhunderten

Die Kirmes in Voerde ist ein beliebtes Volksfest. Wie in vielen christlichen Gemeinden hängt auch die Kirmes mit dem Patronatsfest der Evangelischen Kirche zusammen, die in Voerde dem heiligen Johannes dem Täufer gewidmet ist, denn die heutige Bezeichnung Kirmes leitet sich von Kirchmess oder Kirchweih ab.

Schon aus der Zeit um 1800 ist dieses Volksfest verbürgt. Damals gab es sogar einen erbitterten Kirmesstreit, denn die Grenze zwischen dem zu Schwelm gehörenden Teil Voerdes und dem zu Hagen gehörenden lag in der Mitte der Lindenstraße, und entsprechend wurde um die Aufstellung der Kirmes- und Losbuden im Dorfkern von Voerde gestritten.

Die Voerder Kirmes hat eine lange Tradition.

Die Kirmes war in der ersten Hälfte des 20. Jahrhunderts arg geschrumpft, und erst der beherzte Einsatz des Urvoerders Gerd Himmen als Vorsitzender des Freundeskreises Voerder Kirmes und "Kirmespräsident" ist die Wiederbelebung des Volksfestes zu verdanken. Auf ihn geht auch die Installierung des Ehren-Nachtwächters zurück, der seit drei Jahrzehnten jährlich vom Heimatverein Voerde vor der Kirmes gewählt und in sein Amt eingeführt wird. Ein Nachtwächter-Denkmal steht auch vor dem Haus der Begegnung an der Lindenstraße. Der Heimatverein ist seit geraumer Zeit der Veranstalter der Kirmes, die stets mit einem ökumenisichen Gottesdienst und einem Umzug beginnt und außer auf der Lindenstraße auch auf dem Kirmesplatz stattfindet.

Vom Standort der Kirmes, der Lindenstraße, geht unser Spaziergang weiter nach Norden auf die Wilhelmstraße.

Der Brabandstall und das Gut Braband

Von der Wilhelmstraße aus gehen wir ein paar Schritte aufwärts über die Bergstraße und biegen dann nach rechts ab auf der Hinnenberger Straße in Richtung des Hofes Brabandstall ein. Der Brabandstaller Weg zweigt wiederum rechts von der Hinnenberger Straße ab und führt zu der Häusergruppe am Brabandstall.

Es wird davon ausgegangen, dass sich dort früher möglicherweise die Stallungen des Gutes Braband befunden haben. Beide Örtlichkeiten sind durch einen landwirtschaftlichen Weg miteinander verbunden. Warum das Gut den Namen Braband trägt, also wie die niederländische Provinz heißt, ist nicht bekannt.

Die frühere Gaststätte am Brabandstaller Weg.

1892 wurde die Gemeinde Voerde vom Amtmann Carl Gutjahr in vier Bezirke aufgeteilt, und der Brabandstall gehörte danach offiziell zu Hasperbach. Später entstand dort auch eine Gastwirtschaft. Carl Moll hatte 1903 die Schankerlaubnis erhalten. Nach ihm wurde die Gaststätte oben rechts am Brabandstall nacheinander von mehreren Gastwirten bis Anfang der 1930-er Jahre geführt. Danach wandelte der Landwirt Peter Zündorf das ehemalige Lokal in einen Milchhandel um. Gleich gegenüber wohnten der Schuldirektor Fritz Schneider und der Konrektor und Heimatdichter Julius Dorr, dem die Stadt am Häufgen eine Straße gewidmet hat.

Vom oberhalb liegenden Gut Braband aus ist es nicht weit bis zum Hinnenberg und zur dortigen Volkssternwarte und weiter hinauf zum Hinteren Voßwinkel.

Die Volkssternwarte am Voßwinkel

An der ehemaligen Gaststätte Hinnenberger Heide vorbei kommt man bergauf zur Volkssternwarte Ennepetal. Ende der 1960-er Jahre fanden sich einige Männer um Karl Hermann Mintenbeck zusammen, die vielleicht aus Neugierde, Fernweh oder aber Abenteuerlust die Planeten unseres Sonnensystems erforschen wollten. In Ennepetal-Voerde gab es eine Wegeparzelle, eine Abfallkippe, die wohl niemandem gehörte und die auch hoch genug lag, um von hier aus die nötige freie Sicht nach Süden freizugeben. Von behördlicher Sicht gab es keinerlei Einwände, und die Bedingungen für die Himmelsbeobachtung schienen günstig zu sein. So bauten die Hobby-Astronomen in Eigenbau hier im Niemandsland ein Kuppelgehäuse, und selbstverständlich kam ein Fernrohr hinein. Nebenan entstand ein Vereinsheim.

Die Volkssterwarte am Hinteren Voßwinkel.

Seit dem Jahre 1973 werden nun unter dem Namen "Volkssternwarte Ennepetal e.V." das Universum, unser Sonnensytem und seine Planeten von Amateur-Astronomen erforscht. In der Sternwarte selbst befindet sich ein Modell von Mond und Erde. Hinweistafeln, die Aufschluss über die Entfernungen von neun Planeten geben, wurden um die Sternwarte und in der weiteren Umgebung aufgestellt, zum Beispiel in Herminghausen oder aber auf dem Dormakaba-Verwaltungsgebäude.

Die Forscher vom Verein der Volkssternwarte veranstalten heute auch Informationsabende, zum Beispiel über "Schwarze Löcher", wie die Jahreszeiten entstehen oder über die Ursachen von Ebbe und Flut.

Die Sternwarte war unsere letzte Station im Ortsteil Voerde. Weiter geht es in Hasperbach, genauer am Buntebach.

Kapitel IV – Hasperbach

Die Häuser am Buntebach

Von der Volkssternwarte im Norden Voerdes wandern wir ein Stückchen zurück bis zum Hinteren Voßwinkel und gehen dann hinunter durch das Buntebach-Tal bis nach Hasperbach. Wir stoßen hier kurz vor der Stadtgrenze Hagen auf die Hagener Straße.

Kurz vor dem Ende des Bachtales haben die Wohnhäuser dort die Straßenadresse Buntebach. Die in diesem Bereich asphaltierte Straße ist als Privatstraße gekennzeichnet. Wenn man die Anwohner dort fragt, woher der Bach seinen Namen hat, kommt meist nur ein Schulterzucken. Der alte Haspetaler FDP-Stadtvertreter Gustav-Adolf Kraft vom Saust hätte es vielleicht noch gewusst, aber er weilt nicht mehr unter uns. Vermutlich hat das kleine Fließgewässer, das hier unten in den Hasper Bach mündet, den Namen von seiner gelegentlich bunten Farbe des Wassers bekommen. Frühere Bezeichnungen waren auch Buntenbecke oder Bonnebach. Im Urkataster der Gemeinde Voerde aus dem Jahre 1825 findet sich die Bezeichnung Bunnebecke.

Wohnhäuser stehen nur im unteren Bachtal.

Älter als der Buntebach ist die Ortsbezeichnung Ahlberg. Diese Siedlung liegt unmittelbar an der Stadtgrenze. Ein "Heinrich am Ahlberg" wird bereits in einer Steuerliste des Herzogtums Kleve-Mark aus dem Jahr 1705 erwähnt. Am Ahlberg ist deshalb auch eine Straße benannt, die von der Küperei abbiegt. Sie liegt aber schon auf Hasper Gebiet. Der Hasper Bach fließt hier auf der östlichen Seite der Hagener Straße in Richtung Haspe und mündet dort in die aus Gevelsberg kommende Ennepe. Parallel zu ihm gehen wir auf dem Wanderweg bis zur ehemaligen Schule Haspetal.

Die ehemalige Volksschule

Vor mehr als hundert Jahren bereits wurde im Voerder Ortsteil Hasperbach die erste Volksschule gebaut. Das Ursprungsgebäude steht noch, einige Anbauten kamen hinzu, aber eine Schule gibt es nicht mehr im Tal - der Gebäudekomplex steht leer, wurde aber zeitweise zur Unterrichtung von Flüchtlingskindern und für die Kinder von Roma-Familien reaktiviert. Die Schule bekam auch eine Sporthalle, in deren Untergeschoss die Festhalle Haspetal untergebracht ist. Hier können die Vereine feiern, aber auch andere Organisationen wie die Ennepetaler SPD nutzen die Halle.

Ein sehr altes Foto der Schule Haspetal.

Nachdem die Volksschule seinerzeit im Rahmen der großen Schulreform 1968/69 in eine Grundschule umgewandelt worden war, musste sie auch die Grundschulkinder aus Oberbauer aufnehmen, denn in Oberbauer wurde in den dortigen neuen Schulgebäuden 1978 die Albert-Schweitzer-Schule eingerichtet, eine Förderschule für Kinder, die einen besonderen Förderbedarf im Bereich Sprache und Lernen haben. Auch diese Schule in Oberbauer ist bereits geschlossen worden.

Schräg gegenüber des Schulkomplexes biegt die Mühlenstraße mit dem auffälligen Wohnhochhaus ab, von der wiederum die Bachstraße und von dieser der Schürenweg abzweigt, eine Sackgasse.

Der Gutshof am Schüren

Der Schürenweg hat seinen Namen vom Hof Schüren, der in diesem Bereich seit mehreren Jahrhunderten lag. Schüren war eines der Freigüter (lateinisch bona libera), die in einer Urkunde aus dem Jahre 1315 erwähnt werden. Damals haben Gottfried von Sayn Herr von Volmarstein und seine Gattin Sophia ihre Abgaben-Ansprüche aus den Frei-gütern an Graf Adolph VI. von Berg abgetreten. Dabei wurde ausdrücklich festgelegt, dass diese Freigüter in den Händen freier Leute ("vrylude") bleiben müssten, dass diese also nicht in die Hörigkeit gebracht werden dürften.

Neben dem Hof Schüren im Hasperbachtal stehen aus dem heutigen Stadtgebiet Ennepetal auf dieser Liste weitere zehn Höfe, nämlich die Güter Vorderer und Hinterer Bilstein, Herminghausen, Hesterberg, Hülsenbecke (bei Rüggeberg) und Kleine Hülsenbecke (unten an der Ennepe), Rüggeberg, Severinghausen und zwei Güter am Vorderen und am Hinteren Voßwinkel. In späteren mittelalterlichen Urkunden werden noch drei weitere Freigüter genannt: Milspe (1368), Hillringhausen (1411) und Dreve (1415).

Wir gehen vom Schürenweg aus weiter an der Hagener Straße entlang in Richtung Voerde, am Kleinfeldsportplatz, am Sportlerheim und am Kindergarten vorbei bis zur Einmündung des Sträßchens Am Saust. Woher dieser Name stammt, ist nicht bekannt. Schräg gegenüber steht das frühere Ludwig-Steil-Haus. Es war über mehrere Jahrzehnte das evangelische Gemeindezentrum für die protestantischen Christen in Hasperbach.

Der Name Schürenweg erinnert an den Hof Schüren.

Das frühere Ludwig-Steil-Haus

Am ersten Adventssontag des Jahres 1967 wurde die Filialkirche der Evangelischen Gemeinde Voerde in Hasperbach, das Ludwig-Steil-Haus, offiziell eingeweiht. Inzwischen wurde das Gemeindehaus aufgegeben und privatisiert - 2014 erwarb die benachbarte Firma Bornmann Präzisionsdrehteile das Ensemble, sie nutzt es nun für ihre Büros und als Lagerräume für Maschinenteile.

Das Ludwig-Steil-Haus wurde privatisiert.

Die evangelischen Christen in Haspetal nutzten zunächst für ihre Gottesdienste einen Raum in der Volksschule. Das wurde ihnen im Jahre 1938 jedoch von den Nationalsozialisten verboten. 1966 wurde dann der Grundstein für den Neubau eines Gotteshauses östlich der Hagener Straße gelegt. Kochshaus nennt man die Flur dort. Architekten waren Krug und von der Minden aus Hagen, eingeweiht wurde es gut ein Jahr später. Nach der Aufgabe 2014 wurden das Inventar, die Bestuhlung und die Orgel an eine Gemeinde in Sofia weitergereicht.

Ludwig Steil wurde als Sohn eines Pfarrers am 29. Oktober 1900 in Lüttringhausen geboren. 1833 schloss er sich dem Widerstand gegen das NS-Regime an und unterzeichnete das "Bochumer Bekenntnis" mit. Die Gestapo verhaftete ihn mehrfach, zuletzt am 11. September 1944. Steil wurde in das Konzentrationslager Dachau transportiert und starb dort am 17. Januar 1945 an Typhus.

Im historischen Ortsteil Verneis

Der obere Teil von Hasperbach hat seit Jahrhunderten die Ortsbezeichnung Verneis. Die erste urkundliche Erwähnung eines Hofes Verneis findet sich schon 1486 im Schatzbuch der Grafschaft Mark.

Verneis heißt der westliche Teil von Haspetal.

Postalisch hieß es noch zu Beginn des 19. Jahrhunderts "Verneis bei Voerde i. Westf." Im ausgehenden Mittelalter bestand die Verbindung nach Voerde aus einem Hohlweg, der am Alten Höfinghoff begann und hinunter zum heutigen Talsperrenweg führte. Spuren dieses Hohlweges sind noch zu sehen, sie stehen unter Denkmalschutz.

Schon früh hatte sich, wie in den anderen Flusstälern, im Hasper Bachtal die Eisenindustrie angesiedelt. Man lag ja an der sogenannten "Eisenstraße" die sich von Hagen über Haspe und Voerde bis nach Milspe erstreckte. Die dort vorhandene Wasserkraft zog zahlreiche Hammerschmieden an - im Jahre 1843 ergab zum Beispiel eine Zählung, dass es im Bereich Voerde 445 Hausschmieden gab, davon allein 13 im Ortsteil Hasperbach. Das Problem des instabilen Wasserstandes wurde erst durch den Bau der Hasper Talsperre zu Beginn des 20. Jahrhunderts behoben, jedoch fast schon zu spät, denn die Elektrizität und die Gasversorgung setzten sich durch.

Als die Straßenbahnlinie von Hagen nach Breckerfeld gebaut wurde, führte sie meist am Hasper Bach entlang, in Verneis jedoch lagen die Schienen teilweise auf der Chaussee, zum Beispiel vor der heute noch bestehenden Firma Carp & Hones. Bekannte Unernehmen in Verneis sind auch Halverscheidt und Niggeloh.

Wir gehen ein Stück auf dem Wanderweg, der früheren Bahntrasse für die legendäre Linie 11.

Die Straßenbahn-Linie 11

Mehr als 110 Jahre ist es nun schon her, dass am 30. September 1907 der Teil der Kleinbahnstrecke von Voerde nach Breckerfeld für den Personenverkehr freigegeben wurde. Seit 1901 war an der Bahnstrecke von Haspe über Hasperbach und Verneis nach Voerde gebaut worden, die Breckerfelder schlossen sich etwas später an. Ausweichen gab es oberhalb von Voerde in Höhe Bilstein, Oberbauer und Delle.

Die Linie 11 verband Hagen mit Breckerfeld.

1926 übernahm die Hagener Straßenbahn AG die Linie mit der dann benutzten Nummer 11. Bis 1954 war die Bahnstrecke kombiniert für den Personen- und Güterverkehr. Erst 1952 stellte man den Milchtransport von Breckerfeld zur Molkerei in Hagen-Eckesey ein. Am 2. November 1963 wurde der Straßenbahnverkehr ganz eingestellt und durch Busse ersetzt. Auf der ehemaligen Trasse ist vor Jahren ein attraktiver Wander- und Radweg gestaltet worden.

Die Straßenbahn 11 durchquerte eine der schönsten Landschaften Deutschlands. Am Plessen fuhr sie über eine Brücke, die heute noch als Denkmal steht. Außerdem zweigte dort ein Baugleis zur Hasper Talsperre ab. In Voerde am Bahnhof drehte die Kleinbahn eine Kurve und kämpfte sich dann hoch nach Breckerfeld. Dort ist der ehemalige Bahnhof noch als Denkmal erhalten.

Übrigens: Wer sich näher mit der legendären Linie 11 befassen möchte, der findet in dem schönen Buch von Dirk Göbel und Jörg Rudat interessante Fotos und eine umfassende Beschreibung. Das Buch erschien 2012 im ardenku-Verlag und heißt "Bitte umsteigen - mit der Linie 11 ins Grüne: Über Haspe und Voerde nach Beckerfeld".

Zur alten Post in Verneis

Eine der Haltestellen für die Kleinbahnlinie in Hasperbach war die Gaststätte Zur alten Post in Verneis. Hauptaufgabe der Kleinbahn sollte der Güterverkehr im Tal des Hasperbach-Tales und von der Breckerfelder Hochfläche sein. Der Personenverkehr war sozusagen eine Beigabe. Umgekehrt zog die neue Bahn auch weitere kleine metallverarbeitende Betriebe zur Ansiedlung in das Tal.

Die Gaststätte Zur alten Post war auch Haltestelle.

Die Gaststätte Zur alten Post war nicht nur Poststation - auch vor dem Kleinbahnbau, sondern auch Fahrkarten-Verkaufsstelle. Der Wirt Pape schrieb in einer Werbeanzeige sogar "Luftkurort Verneis bei Voerde". Mehrere Vereine aus Hasperbach hatten hier ihr Vereinslokal, zum Beispiel der Männergesangverein Einigkeit Haspetal, der Frauenchor oder der Sportverein TuS Haspetal.

Die traditionsreiche Gaststätte Zur alten Post hatte seit den 90-er Jahren zahlreiche Betreiberwechsel. 1993 wurde sie von Thomas Geißler als "Andreas-Kneipe" wiedereröffnet, danach betrieb das griechische Ehepaar "Laki und Lena" das Restaurant, zum Schluss versuchte es eine pakistanische Familie, und zur Zeit steht der Gastststättenbereich in dem alten Fachwerkhaus leer.

In Hasperbach gab es aber früher nicht nur diese Gaststätte. Auch die Mühle, vier Lebensmittelgeschäfte, drei Bäckereien und zwei weitere Wirtschaften belebten den Ortsteil. Nichts davon ist geblieben

Ein paar Schritte weiter kommen wir zum Produktions- und Bürobereich der Metallfirma Carp & Hones.

Der Industriebetrieb Carp & Hones

Das Unternehmen Carp & Hones gibt es im Hasperbach-Tal erst seit dem Jahre 1923. Damals erwarb die Hagener Firma an der jetzigen Stelle die Tempergießerei von August Falkenroth, die dieser im Ersten Weltkrieg von Robert Lichtenhagen übernommen hatte. Damals wurden dort unter anderem Granatenkörper für die Soldaten an der Front hergestelllt. In ganz frühen Zeiten befand sich dort, wo nun die Werksgebäude stehen, der Schlabachshammer mit seinem vom Hasperbach gefüllten Teich. Die ursprünglich schlammige Chaussee von Haspe über Hasperbach und Verneis nach Voerde wurde erst um das Jahr 1825 befestigt.

Die Firma Carp & Hones in Hasperbach.

Als Carp & Hones zu Beginn der 70-er Jahre an die Thyssen-Gruppe verkauft wurde, waren in Verneis etwa 300 Menschen beschäftigt. Die Interessen der Beschäftigten vertrat als Betriebsratsvorsitzender der spätere Ennepetaler Bürgermeister Gerd Dessel. Noch später ging die Gießerei in den Besitz des Konzerns Schmolz + Bickenbach über, dessen Zentrale in Krefeld sitzt. Dieser Besitzer sorgte für erhebliche Investitionen in Hasperbach. Produziert werden unter anderem hochpräzise Turbinenteile für den Kraftwerksbau. Die Fachleute von Carp & Hones können Gussstücke mit höchster Maßgenauigkeit im Zehntelmillimeterbereich und bester Oberflächenqualität und kompliziertestе geomterische Formen herstellen.

Wir wandern nun auf der ehemaligen Kleinbahntrasse zum Fuß der Hasper Talsperre, vorbei an den noch sichtbaren Resten des ehemaligen Freibades Vockenhagen.

Gasthaus und Bahnhof Plessen

Die Kleinbahn von Hagen über Hasperbach und Voerde nach Breckerfeld fuhr von Haspetal aus am Bach entlang bis zum Fuß der Talsperre, drehte dort und hielt an der Station Plessen, einem Ausflugslokal mit Bahnanschluss.

Das Stichwort "Am Plessen" steht zwar hier im Kapitel Hasperbach, doch auch in Oberbauer rechnet man diese Flur zu seinem Gebiet, zumal zeitweise die Kinder von dort kriegsbedingt in Oberbauer eingeschult worden sind.

Für den Kotten am Plessen wird erstmals 1631 in einer Urkunde ein "Evert auf den Plessen" als Pächter angegeben. Im Jahre 1705, so schreiben es die Autoren Manfred Henning, Peter Tillmann und Arnold Hagebeuker in ihrem schönen Buch über Oberbauer, wird ein Jürgen Pleßmann genannt, der eine Pacht an den nahen Hof Bülbring zu bezahlen hatte. Später tauchen die Namen Johann Wilhelm Bonnemann, Willhelmsen, Limper und Sonnenschein als Pächter des Kottens und der Gaststätte am Plessen auf. Nach 1900 war in einem Nebengebäude im Bereich des jetzigen Parkplatzes sogar eine kleine Jugendherberge eingerichtet. Damals gehörte die Ausflugsgaststätte mit dem schönen Biergarten zeitweise der Stadt Haspe als Betreiber der Talsperre, und seit 1969 steht er im Eigentum der Familie Korttenkämper, die die Gaststätte bereits seit 1959 zehn Jahre als Pächter bewirtschaftet hatte.

Am Plessen fuhr die Straßenbahn eine Kurve.

Vom Gasthof Plessen aus gehen wir nun rechts weiter aufwärts zur Krone der Talsperren-Mauer.

Die Hasper Talsperre

Die Sperrmauer der Hasper Talsperre.

Die Hammerwerke entlang des Hasper Baches hatten immer wieder mit Wasserknappheit oder Überschwemmungen zu rechnen, sodass die Produktion in unregelmäßigen Abständen unterbrochen werden musste. Erst durch den Bau der Hasper Talsperre, die zunächst Hasperbach-Talsperre hieß, konnte man den Wasserstand des Baches gleichmäßig regulieren.

Schon vor dem Bau hatten die Hammerwerksbesitzer und Müller das Recht, das Bachwasser für ihre Teiche aufzustauen. Für die Nutzung der Talsperre wurde eigens eine "Hasperbach-Wassergenossenschaft" gegründet. Man handelte mit der Stadt Haspe aus, dass an Werktagen mindesten 9000 Kubikmeter Wasser für die Betriebe in den Hasperbach eingeleitet werden müssten.

Inzwischen ist die Talsperre für die Industrie schon lange nicht mehr notwendig. Für die Trinkwasserversorgung und den Hochwasserschutz allerdings erfüllt sie ihre Funktion. Bei ihrer Aufstauung übrigens fielen allein im Osterholz drei kleine Hammerwerke dem Wasser zum Opfer.

Zunächst verlief die Stadtgrenze zwischen Hagen und Ennepetal mitten durch die Talsperre. Erst durch die kommunale Gebietsreform gab es die Regelung, dass die Talsperre nun vollständig zum Hoheitsgebiet der Stadt Hagen gehört.

Vom Talsperren-Rundweg aus wandern wir ein kurzes Stück auf dem schmalen Weg durch den Wald hoch nach Bülbringen.

Kapitel V – Oberbauer

Die uralte Siedlung Bülbringen

Von der Gaststätte Plessen am Talsperrenweg aus gelangt man über einen schmalen Weg durch das Wäldchen bergauf zu der alten Siedlung Bülbringen, die man schon zu Oberbauer zählt.

Die beliebten Dorffeste gibt es in Bülbringen nicht mehr.

Im Jahre 1486 wird im Schatzbuch der Grafschaft Mark zum ersten Mal ein "Pawel to Bulderynck" urkundlich erwähnt. Er bewohnte den Hof Bülbring, den heute noch stehenden ältesten Hof im Dörfchen. In einer Urkunde im Kirchenarchiv Voerde aus dem Jahre 1516 ist der Name Hans to Bulderink eingetragen, und in den Reformationswirren tritt in Voerde ein katholischer Geistlicher Martin Bülbring als Gegenspieler des protestantischen Pfarrers Melchior Wippermann auf. Beide starben übrigens an der Pest. Nicht nur im Dreißigjährigen Krieg, sondern auch nach dem 2. Weltkrieg wussten sich die Bülbringer gegen Räuber zu wehren. Mit Scheinwerfern und Nachtwachen gingen sie gegen Marodeure vor. Außerdem gab es zur Warnung eine Klingelleitung von Haus zu Haus.

Der alte Hof Bülbring mit seinen bis zu 65 Zentimeter dicken Grundmauern ist seit 1857 im Besitz der Familie Dahlhaus. Heute lebt dort Hugo Dahlhaus' Enkeltochter Anette Höfinghoff. Noch bis vor einigen Jahren wurde in Bülbringen regelmäßig ein fröhliches Dorffest gefeiert.

Über dic Bülbringer Straße gehen wir aufwärts zur Breckerfelder Straße und an ihr entlang ein kurzes Stück in Richtung Voerde bis zum Abzweig Bilstein.

Bekannte Familien vom Bilstein

Bilstein ist eine sehr alte Flurbezeichnung in der ehemaligen Gemeinde Voerde, und auch die bekannten Ennepetaler Unternehmerfamilien Ferdinand und August Bilstein führen ihre Herkunft auf dieses Bauerngehöft zurück. Man unterscheidet zwischen Bilstein, am Wanderweg gelegen, und dem Gehöft Hinterbilstein, etwas weiter westlich gelegen.

Îm Jahre 1314 wird in einer Urkunde, die sich im Staatsarchiv NRW befindet, ein Hof "Auf dem Bilstein" erwähnt. Um das Jahr 1600 wurde das Gut "Am Kipp" vom Hinterbilstein abgetrennt. Es lag direkt an

Szene im Bilstein zwischen Voerde und Oberbauer.

der heutigen Breckerfelder Straße und wird heute noch von der Familie Kipper bewohnt. Gegenüber war früher die Poststelle mit dem Lebensmittelgeschäft von Erwin Berg. 1705 war Adolf Bilstein der letzte Namensträger am Hinterbilstein mit diesem Namen. Zum Hof gehörten auch ausgedehnte Wälder am Bilsteiner Berg.

Der alte Bauernhof am vorderen Bilstein wurde 1975 abgebrochen und im selben Jahr unter dem Namen Gut Bilstein von der Besitzerin, der Firma Jacob, neu gebaut. Für die Straßenbahnlinie 11, die am Gutshof vorbeiführte, gab es am Bilstein nicht nur eine Haltestelle, sondern auch eine Ausweichstelle für den eventuellen Gegenverkehr, die "Weiche Bilstein".

Wir gehen nun auf der ehemaligen Bahntrasse ein Stück weiter nach Süden und kommen zur ehemaligen Albert-Schweitzer-Schule.

Die Schulen in Oberbauer

Eine Schule gab es in Oberbauer schon seit ungefähr 1800 - siehe auch die Seite über die alte Behlinger Schule. Damals stellten die Bauern einen Raum und bezahlten auch den Lehrer.

Im Jahre 1820 bekamen die Kinder in Oberbauer ein eigenes Gebäude für den Unterricht, und diese "alte Schule" und ihr Nachfolgerbau hießen bis 1929 offiziell "Schule Kotthausen". Danach erst bekam sie den Namen "Volksschule Oberbauer". Weil die Schülerzahl immer mehr anstieg und das alte Gemäuer marode war, entschloss man sich 1863 zu einem Neubau dicht an der Chaussee. Das Haus aus Ziegelstein wurde am 1. Mai 1865 in Betrieb genommen. Über dem Schulraum befand sich die Lehrerwohnung.

Auch diese "neue Schule" war schnell zu klein, sodass ab 1870 halbtags unterrichtet wurde - vormittags und nachmittags jeweils mehr als 60 Kinder in einer Klasse. Das Schulgebäude wurde 1965 geschlossen und diente noch bis 1974 als Wohnhaus und ist kurz danach abgerissen worden. Man baute eine neue Schule, doch auch die wurde wegen abnehmender Schülerzahlen schon 1978 aufgegeben. Ab dann nutzte die Albert-Schweitzer-Sonderschule die Räume, doch auch die ist bereits Geschichte. Zur Zeit stehen die Räume bis auf die Sporthalle leer.

Ganz in der Nähe stehen die evangelische Kreuzkirche und das Gemeindehaus Oberbauer.

Die Albert-Schweitzer-Schule steht inzwischen leer.

An der Kreuzkirche dreht sich ein Windrad

Wir gehen ein paar Schritte auf der Siegerlandstraße. Gegenüber ihrer Einmündung in die Breckerfelder Straße stehen das evangelische Gemeindezentrum Oberbauer und die Kreuzkirche. Auf deren weithin sichtbaren Turm sieht man als namensgebendes Symbol das Kreuz auf der Weltkugel.

Das Voerder Presbyterium hatte im September 1957 den Bau der Kirche beschlossen. Bis zu diesem Zeitpunkt wurden der Gottesdienst in der Schule Oberbauer und der Konfirmandenunterricht in der Johanniskirche Voerde abgehalten. Die Grundsteinlegung erfolgte im September 1959, und ein gutes Jahr später, am 1. Adventssonntag 1960, wurde das auch mit Spenden fertiggestellte Gotteshaus an die Gemeindeglieder im Bezirk Oberbauer übergeben. Superintendent Boeddinghaus hielt die Festansprache. Zuvor waren im September die Glocken in einem feierlichen Zug von Breckerfeld aus zur neuen Predigtstätte transportiert worden.

1960 wurde die Kreuzkirche in Oberbauer eingeweiht.

Für den Energiebedarf des Gemeindezentrums sorgt seit mehr als zwei Jahrzehnten die auf dem hinteren Kirchengrundstück errichtete Windkraftanlage - erst die zweite private Anlage ihrer Art in Ennepetal. Als vor einigen Jahren die Schließung der Kreuzkirche ins Gespräch kam, machte sich der Förderverein für den Erhalt stark, und er hat es durch zahlreiche Aktionen auch bis heute geschafft.

Die postalische Adresse der Kreuzkirche ist die Breckerfelder Straße. Um die soll es auch im nächsten Kapitel gehen.

Lebensraum Breckerfelder Straße

Wir bleiben an der Breckerfelder Straße und widmen uns dem früheren Ortsteilleben im Dorf auf der Höhe, eben in Oberbauer, denn zur Abgrenzung nannte man früher das tiefer gelegene Altenvoerde "Unterbauer". Das Wort Bauer deutet schon darauf hin, dass diese Voerder Ortsteile ursprünglich landwirtschaftlich geprägt waren. Der Name Oberbauer taucht urkundlich erstmals 1486 im Schatzbuch der Grafschaft Mark auf. Die Breckerfelder Straße wurde als Chaussee zwischen Voerde und Breckerfeld im Jahre 1825 angelegt.

Die Eisenverarbeitung spielte auch auf der Höhe eine wichtige Rolle. Bei einer Erhebung im Jahre 1820 wurden in Oberbauer allein 150 Hausschmieden gezählt. Im Metallbereich sind bis heute drei größere Betriebe übrig geblieben: Die Firmen Braselmann, Frielinghaus und Heiderich.

Wilhelm Thiele mit Kindern auf der Breckerfelder Straße.

Auch das Vereinsleben an der Breckerfelder Straße war früher sehr reichhaltig. Es gab einen Theaterkreis "Frohsinn" Oberbauer und den Kotthauser Schützenverein, und es gibt seit 1903 die Löschgruppe der Freiwillige Feuerwehr, den Männergesangverein Eintracht Kotthauser Höh und die Gruppen in der Evangelischen Gemeinde, den Förderverein für die Kreuzkirche und seit 1912 die Gläubigen in der Freien Evangelischen Gemeinde.

Das hier abgedruckte und etwa 1925 entstandene Foto zeigt den Onkel von Magdalene Störring, Wilhelm Thiele, auf der Breckerfelder Straße mit seinen beiden Söhnen Willi (auf dem eigenen Fahrrad) und Hans im selbst gebastelten Beiwagen.

Gaststätten und Geschäfte in Oberbauer

Wir bleiben an der Breckerfelder Straße und widmen uns den Gaststätten und Geschäften, die es früher im Dorf auf der Höhe gab, von denen aber nichts geblieben ist.

Eine Filiale der Sparkasse hatten die Oberbaueraner an der Breckerfelder Straße, und eine Poststelle natürlich, schräg gegenüber vom Hof Bilstein. Dann gab es die Bäckereien Koch und Altena und den Schuster Helmut Langenscheidt, ein Möbelgeschäft Carl Langenscheidt und die Gast- und Schankwirtschaft von Gustav Langenscheidt auf "Kottauserhöh bei Voerde". Die letzte noch betriebene Wirtschaft war bis zur Schließung vor einigen Jahren das Haus Lohmann am Hoppe. Weitere Gaststätten wurden von Karl-Theodor Frielinghaus, später Adele Frielinghaus, und von Dahlhaus am Kämpchen betrieben.

Die Gaststätte Langenscheidt ist schon lange Geschichte.

In Oberbauer gab es außerdem das Geschäft für Drogen und Kolonialwaren, Tabak und Zigarren von Fritz Grün und das Geschäft von Fritz Feldhaus mit Manufaktur-, Kurz- und Wollwaren. Landwirtschaftliche Bedarfsartikel gab es bei Peter Severin, und ein Kaufhaus für Lebensmittel hatte C. P. Schulte. Lebensmittel und Spirituosen gab es auch bei Albrecht Boesebeck, ebenso wie bei Willy Cramer, der wie Fritz Grün sein Hauptgeschäft in Voerde hatte. Sogar eine Tanzschule konnten die jungen Leute nach dem Krieg in Oberbauer besuchen.

Wir folgen der Breckerfelder Straße und gehen am Gemeindehaus der Freien Evangelischen Gemeinde vorbei bis zu Stadtgrenze.

An der Stadtgrenze zu Breckerfeld

Oberbauer wurde ganz früher Kotthausen genannt, und so bekam der untere Teil um die heutige Kreuzkirche und die Schule den Namen Kotthauser Heide, und den Bereich an der Stadtgrenze nannten die Bewohner Oberkotthausen oder auch Kotthauserhöh. Dieser letztere Begriff ist noch im Namen des Männergesangvereins "Eintracht Kotthauser Höh" erhalten geblieben.

Die Brüder Engstfeld vor ihrem Haus an der Stadtgrenze.

Noch genauer ist die Bezeichnung Steherberg. So heißt die letzte Häusergruppe vor der Grenze zu Breckerfeld. Der Steherberg war seinerzeit vom Stammgut Niederkotthausen abgetrennt worden. Den Hauptteil umfasst heute der Hof Onfermann, der seit 2008 im Besitz der Spedition Diegmann ist. Das letzte Haus in Ennepetal an der linken Seite der Breckerfelder Straße gehörte der Familie Engstfeld. Das ist auch der Punkt, an dem am Vormittag des 13. April 1945 die amerikanischen Truppen erstmals im Bereich der heutigen Stadt Ennepetal mit ihren Panzern vorrückten. Damit begann hier die örtliche Befreiung vom Nazi-Regime.

Zu Oberkotthausen oder Kotthauserhöh gehört auch das Unternehmen Heiderich. Die Vettern Carl und Albert Heiderich siedelten im 19. Jahrhundert von Hagen aus hierher, erwarben ein kleines Grundstück und eröffneten ihre kleine Werkstatt, aus der das erfolgreiche Unternehmen C. u. A. Heiderich entstanden ist.

Vom Steherberg gehen wir nun den Behlinger Weg abwärts zunächst bis zur Siedlung Behling oder Behlingen.

Die erste Schule auf Behlingen

Hier in der Bauerschaft Behling oder Behlingen begann die Geschichte des Schulwesens in Oberbauer. Der alte Hof ist mehrfach geteilt worden, um 1705 gab es dort sechs selbständige Höfe, das Stammgut war der Hof Rafflenbeul, die anderen fünf Hofbesitzer trugen alle den Namen Behling.

In dem alten Backhaus auf Behlingen wurde schon um 1800 eine Winkelschule eingerichtet, das heißt, die Kinder aus der Bauerschaft und deren Nachbarschaft wurden dort von einem Lehrer unterrichtet, der herumreiste und den die Bauern bezahlten. 1808 schlossen sich einige Bewohner in Oberbauer zusammen und stellten mit obrigkeitlicher Genehmigung einen Lehrer fest an. Dieser erste Lehrer hieß Wilhelm Nockemann, ihm folgte zwei Jahre später ein Christian Mollerus aus Ründeroth, und wiederum drei Jahre danach wurde Nikolaus Egen berufen.

In diesem Haus befand sich die erste Behlinger Schule.

Erst 1819 kaufte die Gemeinde unterhalb der Kotthauser Heide ein Grundstück und ließ dort eine Schule bauen, das später "alte Schule" genannte Gebäude. Sie wurde am 19. März 1820 eingeweiht und hatte unten einen Schulraum sowie drei Wohnräume und eine Küche für den Lehrer und oben zwei Dachstuben. Der Lehrer bekam ein Gehalt von 170 Talern, musste aber für die Beheizung des Schulraumes ohne zusätzliche Vergütung selbst sorgen. Das Schulhaus war ein Fachwerkgebäude, und es wird nach der erfolgreichen Renovierung noch heute als Wohnhaus genutzt.

Zum Bilsteiner Bergwerk muss man etwas unterhalb die Straße nach rechts auf einem schmalen Weg verlassen.

Bergbau am Bilsteiner Berg

Für die Hütten in der Grafschaft Mark, so auch für die Hütte in Altenvoerde, war die Anlieferung von Eisenerz notwendig. Im Bereich der Stadt Ennepetal sind zwei Eisenbergbauten bekannt: Der Stollen Wilhelm und der Stollen Johannes, beide im Bilsteiner Berg gelegen mit dem Zugang vom heutigen Behlinger Weg aus. Dort wurden Erze aus einem Eisensteingang gewonnen, der sich vom Schöpplenberg unter dem heutigen Zurstraße bis zum Bilsteiner Berg hinzog. Die Stollen lagen auf dem Familienbesitz der Bilsteins, aus denen die heutigen Unternehmerfamilien Ferdinand und August Bilstein hervorgingen. Die Bilsteins werden bereits im Altenvoerder Hütten- und Hammerbuch im ausgehenden 16. Jahrhundert namentlich erwähnt, vor allem als Fuhrleute für den Transport des verhütteten Eisens zum Hammerwerk.

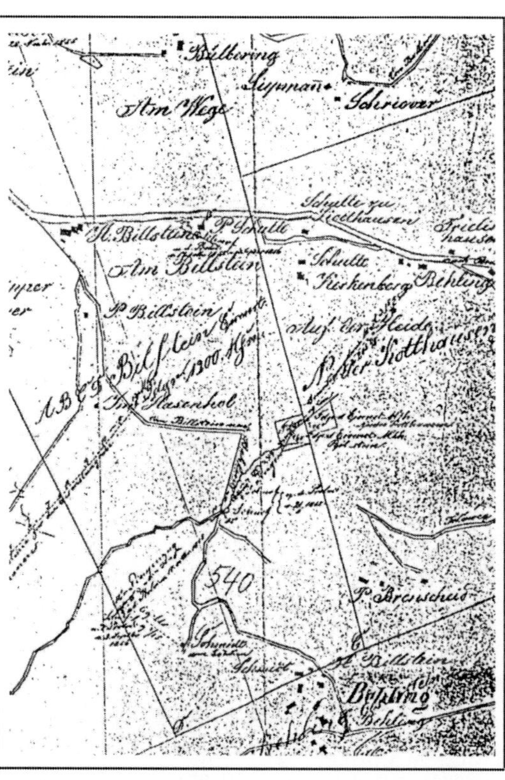

Karte des Bergamtes vom Bilsteiner Berg von 1854.

Die Stollen in den Bilsteiner Berg waren jedoch nicht ergiebig genug, um den Bedarf der Hütten zu decken, und deshalb wurde aus dem Siegerland Eisenerz hinzugekauft. Trotzdem wurde unterhalb von Oberbauer noch bis zum Beginn des 20. Jahrhunderts Erz abgebaut. Danach verfielen die Stolleneingänge, bis sich 1982 ein Verein mit dem Namen Gewerkschaft Johannes um die Erschließung kümmerte. Allerdings untersagte später das Bergamt aus Sicherheitsgründen die weitere Befahrung, und Fachleute des Arbeitskreises Kluterthöhle kritisierten die angeblich unsachgemäße Öffnung und Dokumentierung des Stollens. Auch deshalb kam die geplante Einrichtung eines Schaubergwerkes dort nicht zustande.

Vom Bilsteiner Berg aus gehen wir weiter abwärts bis zur Ennepe, wo früher der Behlinghammer in Betrieb war.

Der Behlinger Hammer im Tal

Eines der ältesten Hammerwerke im Tal der Ennepe - nach dem Ahlhauser Hammerwerk - war der Behlinghammer oder auch Behlinger Hammer unterhalb der Ortschaft Oberbauer im Ennepe-Tal. Über seine Besitzverhältnisse herrschte lange Ungewissheit, bis die Historikerin Irene Rumpler in ihren Forschungen über die Unternehmerfamilie Bilstein Klarheit schaffte.

Seit wann es den Hammer gab, ist weiter nicht bekannt. Aber dass die Familie Harkort dort in den Jahren 1743 bis 1757 produzieren ließ, ist ebenso dokumentiert wie es die Eigentümer im frühen 19. Jahrhundert sind. Auf einer Karte von 1824 sind als Eigner der Grundstücke und Gebäude aufgeführt der Kötter Johann Peter Bilstein, der Kaufmann Johann Heinrich Bilstein, Eberhard Behling Witwe, Wirt Caspar Heinrich Bilstein sowie die Schwelmer Unternehmer Friedrich Heilenbeck und W. Bertram. Interessant ist auch, dass auch Peter Caspar Stockey im Behlinghammer produzierte. Die Witwe Behling taucht dort auf, weil sie wohl im Besitz der Wasserrechte war.

Das Verwaltungshaus am Behlinghammer steht noch.

Für die Jahre 1838 bis 1865 kann Johann Daniel Bilstein als Besitzer des Behlinghammers nachgewiesen werden. Man kann also sagen, dass der Urspung der groeßn Ennepetaler Unternehmen "febi" (Ferdinand Bilstein) und "AuBi" (August Bilstein) vor Jahrhunderten hier am Bilsteiner Berg und im Behlinger Hammer lagen.

Nicht weit vom ehemaligen Hammerwerrk in Richtung Südosten liegt der Rüggeberger Ortsteil Peddenöde.

Kapitel VI – Rüggeberg

Peddenöde im Ennepe-Tal

Etwas weiter flussaufwärts, vom Behlinger Hammer aus gesehen, liegen der Stauweiher und die kleine Ortschaft Peddenöde. Hier befindet sich heute der Hauptsitz der Firma Alfred Thun GmbH, die aus dem alten Peddenöder Hammer hervorgegangen ist.

Ursprünglich war der Name des Hammerwerks "Pedenhöher Hammer". Irene Rumpler legt in ihrem Werk über Ferdinand Bilstein dar, dass im Fabrikenverzeichnis von 1821 als Besitzer ein Behling angegeben wird. Später kam ein Spannagel hinzu und 1836 ein Bilstein, allerdings ohne Vornamen. Diese aufgeführten Besitzer tragen allesamt Namen, wie sie noch in heutigen örtlichen Unternehmerfamilien geläufig sind. Ab 1841 wird der Peddenöder Hammer dem Caspar Heinrich Bilstein vom Bilstein zugeordnet. Interessant ist der von Rumpler erwähnte Zusatz "war früher eine Kornmühle".

Die Peddenöde liegt im Tal der Ennepe.

In einem Fabriken-Verzeichnis von 1853 heißt es, dass es an der Peddenöde noch eine Kornmühle und zwei Reckhämmer mit jeweils zwei Feuern gab. Als Besitzernamen kamen später noch Asbeck sowie Lohmann & Brake hinzu.

Der oben erwähnte Stauweiher Peddenöde war eine Art Vorläufer der Ennepe-Talsperre. Er diente wie die Talsperre dem Hochwasserschutz und der Trinkwasserversorgung, bevor diese Aufgabe das oberhalb gelegene Sperrbecken übernahm.

Von der Peddenöde wandern wir - etwas beschwerlich - bergauf in das mehr als 700 Jahre alte Höhendorf Rüggeberg.

Die Kirche im Zentrum des Dorfes

Mitten im Dorf Rüggeberg, auch Höhendorf genannt, steht seit dem Jahre 1827 die Evangelische Pfarrkirche am Marktplatz. Früher gehörte Rüggeberg zum Kirchspiel Schwelm und hatte dementsprechend kein eigenes Gotteshaus.

Die Evangelische Kirche im Zentrum des Dorfes.

Seit 1726 besaßen die Christen auf der Höhe das Recht, in ihrem Kirchschulhaus sonntags einen Sermon zu hören, also eine Predigt ohne Gottesdienst. Selbst dagegen gab es Widerstand aus Schwelm. Der erste Prediger war Franz Hölterhoff. Erst 1798 erlaubte die Preußische Regierung die Abtrennung der Gemeinde Rüggeberg von Schwelm. Mit J. W. Brinkdöppke bekam sie ihren ersten Pfarrer. Knapp 30 Jahre später schenkte der Landwirt Jellinghaus der Gemeinde das Baugrundstück für die Kirche, auf dem sie seit der Einweihung am 24. April 1824 steht.

Am 24. März 1880 kam es in Rüggeberg zu einem verheerenden Brand, bei dem auch die Kirche beschädigt und der kleine Glockenturm zerstört wurde. Danach baute man einen neuen Kirchturm, wie er jetzt aussieht. Gleichzeitig wurden der Chor umgestaltet und das Altarbild geschaffen.

Infolge des Ersten Weltkrieges wurden 1917 die Orgelpfeifen und eine Glocke beschlagnahmt, die man 1934 neu beschaffte, doch im Zweiten Weltkrieg mussten 1942 erneut die Glocken abgegeben werden. Sie wurden für die Waffenproduktion eingeschmolzen. Das neue Pfarrhaus entstand im Jahre 1962.

Wir bleiben auf den nächsten Seiten im Dorfkern und befassen uns auch genauer mit dem Kornkasten, mit Milchkannen und mit den früheren Kirchenglocken.

Milchkannen erinnern an früher

Wie alle Dörfer in dieser Region zwischen dem Märkischen Sauerland und dem Bergischen Land war auch das ländliche Rüggeberg stets von der Landwirtschaft und besonders von der Milchwirtschaft geprägt.

Um an diesen Umstand zu erinnern, hat der Heimatverein Rüggeberg im Jahre 1994 eine Art Rampe aufstellen lassen, auf der die Milchkannen der kleineren Bauern so aufgestellt sind, wie sie auch früher zur Leerung bereitstanden.

Der Heimatverein ließ wie früher die Milchkannen aufstellen.

Die letzten namentlich bekannten Fahrer der Abholwagen waren Alfred Langenscheid, Hans Hiby, Werner Herzbruch und Peter Friese.

Der sehr rege Rüggeberger Heimatverein hat diese traditionelle Milchkannenrampe und die weiteren Heimatdenkmäler im Höhendorf im Jahre 2017 mit sogenannten QR-Codes versehen, sodass Besucher mit ihrem Smartphone diesen Code scannen können und etwas über das jeweilige Denkmal erfahren. Dazu gehören auch die schon im vorigen Kapitel erwähnten Glocken, das Gefallenen-Ehrenmal am Marktplatz, der Kornkasten und die alten Grabplatten des ehemaligen Friedhofes, über den der Heimatforscher Hermann Hirschberg seinerzeit in den Schwelmer Beiträgen zur Heimatkunde aus dem Jahre 1996 einen informativen Aufsatz veröffentlicht hat.

Neben den Milchkannen sind im Dorf auch zwei der drei früheren Kirchenglocken im Freien zu bewundern. Diesen Denkmälern wenden wir uns nun zu.

Die Glocken blieben erhalten

An zwei Stellen im Dorf findet man die ehemaligen Glocken der evangelischen Kirchengemeinde Rüggeberg aufgestellt: Vor der Volksschule und an der Seite der Pfarrkirche.

Der Heimatverein schreibt zur Geschichte der Glocken: "Im Jahre 1804, als in Rüggeberg noch keine Dorfkirche existierte, bestellte die Kirchengemeinde schon zwei Glocken. Es waren relativ kleine Glocken mit 250 und 175 Pfund Gewicht. Schwerer durften sie nicht sein, denn sie wurden in den Dachreiter des damaligen Kirchschulhauses an der jetzigen Hesterberger Straße eingebaut. Als aber das Kirchengebäude im Jahre 1827 fertiggestellt und feierlich eingeweiht war, wurden diese Glocken in den Dachreiter der Kirche gehoben."

Zwei der drei Glocken sind im Dorf zu besichtigen.

In den beiden Weltkriegen wurden die Glocken jeweils für Rüstungszwecke beschlagnahmt, nach 1948 bekam die Gemeinde mit Unterstützung der Firma Hesterberg jedoch Ersatz. Diese drei im Bochumer Verein gegossenen Glocken läuteten bis 2001, denn im Jahr darauf bekam die Gemeinde ein neues Geläut aus Bronze. Zwei der stählernen Glocken von 1948 stehen nun im öffentlichen Raum: Die größte Glocke aus dem Geläut mit einem Gewicht von 1630 kg mit der Inschrift "Ehre sei Gott in der Höhe" steht vor der Schule. Die zweite Glocke aus dem Dreiergeläut steht neben der Rüggeberger Kirche. Die dritte Glocke läutet seit Ostern 2015 in der Stadt Klášterec nad Ohri (Klösterle an der Eger) in Tschechien und trägt die Inschrift "Land, höre des Herrn Wort!"

Wir befinden uns nun bereits auf dem Rüggeberger Marktplatz mit seinem 143 Jahre alten Kriegerdenkmal.

Der Marktplatz mit dem Denkmal

Den Mittelpunkt des Dorfes Rüggeberg, an dem auch die Kirche steht, ist der Marktplatz - wenn auch dort kein Markt mehr stattfindet, außer jeweils in der Adventszeit und zum jährlichen Bauernmarkt, den der Förderverein für die Kirche veranstaltet.

Auf dem Platz steht das Kriegerdenkmal oder auch Ehrenmal, mit dem der soldatischen Todesopfer der vergangenen Kriege gedacht wird. Das Denkmal, das ursprünglich in der Mitte des Platzes stand und bei Umbaumaßnahmen etwas an den Rand versetzt wurde, entstand im Jahre 1875, vier Jahre nach dem Deutsch-Französischen Krieg.

Auf Schriftplatten werden die Namen der gefallenen Soldaten aus Rügggeberg aufgeführt, angefangen mit der Schlacht von Königsgrätz im Jahre 1866, gefolgt von den Toten des Deutsch-Französischen Krieges 1870/71 und den Gefallenen des I. und des II. Weltkrieges. Erhalten geblieben sind an dem Denkmal auch Einschussspuren, die das Bauwerk durch den Einmarsch der amerikanischen Truppen am 13. April 1945 trafen. An dem Tag sind auch mehrere Häuser im Höhendorf in Brand geschossen worden.

Der Marktplatz mit dem Ehrenmal / Kriegerdenkmal.

Etwas neuer auf dem Marktplatz ist der Schmittenboom, den der Heimatverein Rüggeberg aufstellen ließ. An ihm hängen Schilder mit den Namen einiger Rüggeberger Bauerschaften sowie Werkzeuge und Metallteile, wie sie in früheren Jahren in den bäuerlichen Schmitten (Schmieden) entstanden sind.

Etwas abseits vom Markpatz stehen der Kornkasten und die historischen Grabplatten des ersten Friedhofes.

Historische Grabsteine erzählen

Als die evangelischen Christen aus dem Dorf Rüggeberg und aus den umliegenden Bauerschaften noch zur Kirchengemeinde Schwelm gehörten, da mussten sie zum sonntäglichen Gottesdienst nicht nur den beschwerlichen Weg dorthin aufnehmen. Auch zur Bestatttung ihrer Toten gingen oder fuhren sie mit den Leichnamen auch bei schwierigen Wetterverhältnissen nach Schwelm, um sie auf dem dortigen Kirchhof beizusetzen.

Uralte Grabsteine am Rande des Friedhofes.

Erst um 1630, also während des Dreißigjährigen Krieges, begannen die Schweflinghauser und die Mühlinghauser, ihre Verstorbenen auf einem eigenen Friedhof in Rüggeberg zu beerdigen. Das Schwelmer Konsistorium (Kirchenvorstand) hatte ihnen diese Praxis offenbar stillschweigend zugestanden, wie der Heimatforscher Hermann Hirschberg in einem Aufsatz schrieb.

Zahlreiche der Grabplatten aus dieser Zeit sind erhalten und sind auf dem Gelände neben dem jetzigen Friedhof in Rüggeberg aufgestellt. Der älteste Grabstein, der leider in den 1950er Jahren verloren gegangen ist, trug aber nach der Erfassung des Heimatforschers Robert Brockhaus die Daten eines Ehepaares: Christopherus zur Borg, ohne Todesdatum, und "die ehr und tugendsame Margreta zur Borg", verstorben am 21. Mai 1638. Ursprünglich, so Hirschberg, gab es allerdings auf den größeren Höfen Erbgruften. So einen Privatfriedhof findet man zum Beispiel noch auf dem Gelände des Hofes Gut Rutenbecke.

Neben dem Gelände mit den historischen Grabplatten steht als Denkmal der Rüggeberger Kornkasten.

Der Kornkasten am Dorfrand

Der imposante Kornkasten oder Haferkasten, der auf dem Gelände östlich des Sportplatzes an der Hesterberger Straße steht, stammt aus dem Jahre 1717. Er stand ursprünglich auf dem ehemaligen Bauernhof der Gebrüder Küper auf Severinghausen und ist der „Riese“ unter den Rüggeberger Haferkästen. Seine Höhe beträgt 5,5 Meter, er ist vier Meter lang und ca. drei Meter breit.

Der Haferkasten hat schon zwei Umzüge hinter sich. Ursprünglich stand er im Wiesengrund etwa hundert Meter vom Wohnhaus der Familie Küper entfernt. Um 1880 wurde er näher an den Hof gebracht, wo er bis etwa 1966 stand. Die Stadt Ennepetal kaufte den Haferkasten zu jener Zeit für 3000 DM, damit dieses Kulturdenkmal erhalten bleibe.

Eine Attraktion in Rüggeberg: Der Kornkasten.

1971 wurde der Haferkasten an seinen jetzigen Standort verbracht und aufgebaut und etwas später unter Denkmalschutz gestellt. In den Jahren 2013 und 2014 wurde der Küpersche Haferkasten durch die Firma Restautec aufwändig restauriert. Nach Aussagen des ehemaligen Besitzers Theodor Küper lautet der Spruch im Balken über der Tür: „Der Segen des Herrn macht reich ohne Müh!“ Die Außentreppe gehört übrigens nicht zum Urzustand des denkmalgeschützten Gebäudes.

Neben dem Haferkasten steht ein Wendepflug für Pferdegespanne, Baujahr ca. 1930. Benutzt wurde er bis etwa 1965. Der Wendepflug ist ein Geschenk des Landwirtes Robert Hongen von der Saale im Tal der Ennepe. Hier im Höhendorf aufgestellt wurde er im März 1996 vom Heimatverein Rüggeberg.

Tote noch am letzten Kriegstag

Wir bleiben in der Nähe und gehen auf den Friedhof. Dort steht in der Mitte ein weiteres Ehrenmal, und an dessen Fuß findet man auch die Gräber der acht jungen Männer, die noch am Tage des Einmarsches der amerikanischen Soldaten erschossen wurden.

Seit Tagen herrschte im April 1945 Unruhe, weil zur Verteidigung deutsche Soldaten in Rüggeberg stationiert wurden. Am 13. April, einem

Armee-Lastwagen im Heilenbecker Tal nach der Überrollung.

sonnigen Tag, hörten die Bewohner schon morgens den Geschützdonner der amerikanischen Panzer. Sie versammelten sich auf dem Marktplatz und flohen in die Keller, als die US-Soldaten aus dem Filder Busch auf das Dorf zukamen. Sie wurden von den deutschen Soldaten beschossen, die US-Panzer erwiderten natürlich das Feuer, mehrere Häuser gerieten in Brand, doch die Rüggeberger Feuerwehr durfte nicht löschen. Von den jungen Wehrmachtssoldaten wurden acht getötet - einer war erst 16 Jahre alt. Unter den Erschossenen war auch der anführende junge Leutnant, dessen Leiche auf Befehl der Amerikaner mehrere Tage auf der Straße liegen bleiben musste. Erst auf Pastor Wulfhorsts Drängen durfte auch er auf dem Friedhof beigesetzt werden.

Die alliierten Soldaten durchsuchten jedes Haus und ließen dann eine kleine Besatzung zurück und zogen weiter Richtung Homberge und Milspe. Auf einer Wiese im Heilenbecker Tal wurde später im Freien ein großes Gefangenenlager eingerichtet, in dem hunderte deutscher Soldaten inhaftiert waren, bevor sie zu den Rheinwiesen nach Düsseldorf abtransportiert wurden.

Ausflugsziel Heilenbecke-Talsperre

Unterhalb von Rüggeberg liegt idyllisch die Heilenbecke-Talsperre. Sie ist die zweitälteste Talsperre in Deutschland und wurde in den Jahren 1894 bis 1896 nach Plänen und Berechnungen des Aachener Wissenschaftlers und Talsperren-Pioniers Professor Dr. Ing. Intze errichtet. Ziel war zunächst der Hochwasserschutz, heute dient sie daneben überwiegend noch als Trinkwasser-Reservoir für den Heilenbecke-Wasserverband. Die Wasserfläche liegt nicht nur auf Ennepetaler Stadtgebiet, sondern die Grenze zu Breckerfeld verläuft durch den Stausee. Westlich oberhalb der Talsperre liegt der Ennepetaler Ortsteil Ebinghausen.

Die Talsperre fasst 450.000 Kubikmeter Wasser, und die Mauer ist 161 Meter lang und hat eine Stauhöhe von 15,15 Meter. In den Jahren 1988 bis 1990 wurde sie umgebaut und nach den damals technisch modernsten Möglichkeiten verbessert. Rund um den Stausee verläuft innerhalb der Trinkwasser-Schutzzone ein idyllischer Rundweg von 2,4 Kilometern, der allerdings durch uneinsichtige Hundehalter, die ihre Tiere nicht vom Sprung in das Trinkwasserbecken abhielten, immer wieder Probleme bringt. Zur Finanzierung der laufenden Kosten des Bauwerks kassiert der Wasserverband an der Zufahrt zur Talsperre eine geringe Parkgebühr. Früher gab es etwas oberhalb der Wasserfläche ein gut besuchtes Ausflugslokal und Restaurant, das jedoch nach einem Brand nicht wieder aufgebaut wurde.

Die Heilenbecke-Talsperre ist ein beliebtes Ausflugsziel.

Von der Talsperre aus gehen wir abwärts bis Kalte Kirche und ab dort über den Hangweg bis zur Siedlung am Wittenstein.

Das Haus Wittenstein im Tal

Der Flur- und Ortsname Wittenstein im Heilenbecker Tal ist schon sehr alt. Urkundlich erwähnt wird der Kotten mit dem Namen "Wytsteyn" estmals im Jahre 1307. Die Herren von Volmarstein waren in dieser Region Lehnsträger des Kölner Erzbischofs, und die Heilenbecke wurde damals noch als die "Milspe" bezeichnet. Der Name Wittenstein geht angeblich auf ein germanisches Heiligtum zurück, den "weißen Stein", eine Quarzrille im Fluss, bei dem geschworen worden sein soll. Diese Erklärung des Namens ist allerdings nicht belegt, sondern sie bildet eine eher in den Besitzerfamilien tradierte Legende ab. Der Familienname Wittenstein taucht jedoch bereits in Urkunden der Schwelmer Kirchengemeinde auf, zu der auch Rüggeberg und das Heilenbecker Tal gehörten. 1684 wird dort als einer der Ratmänner ein Melchior Wittensteine erwähnt.

Die Gaststätte Küper am Wittenstein in früherer Zeit.

Die Familie Küper aus Severinghausen erwarb im 19. Jahrundert die Bäckerei und eröffnete später die Gaststätte, für die im Jahre 1908 die Schanklizenz erteilt wurde. Die Küpers stammten aus dem Siegerland und waren um 1700 in diese Gegend gekommen. Auf den ersten Besitzer Abraham Küper folgten Bernhard Georg Küper und dessen Sohn Franz Theodor Küper. Vielen in Erinnerung ist noch Else Küper, die liebevoll "Oma Bienenstich" genannt wurde. Zum Wittenstein gehörte zeitweise auch ein Schützenverein.

Cafe und Gaststätte Witttenstein wurden im September 2017 geschlossen, und wir wenden uns jetzt bergauf nach Westen in Richtung der Klinik Königsfeld.

Kapitel VII – Königsfeld

Die Klinik Königsfeld und ihre Geschichte

Vom Wittenstein gibt es eine Verbindung über die Höfe Holte und Birken hinauf zur Klinik Königsfeld. Dazu empfiehlt sich jedoch die Nutzung einer Wanderkarte.

Die heutige Rehabilitationseinrichtung Klinik Königsfeld für Patienten nach Herzinfarkt und orthopädischen Operationen hat eine lange und wechselvolle Geschichte. Bereits im Jahre 1927 wurde die Errichtung einer Tuberkulose-Klinik durch den Kreistag Schwelm beschlossen. Wegen der desaströsen finanziellen Lage wurde der Bau 1930 eingestellt. 1935 wurde die Motorsportschule "Ruhrland" der NSKK-Führung dort untergebracht. Erst 1946 pachtete die LVA Westfalen das Haus, und es entstand 1947 die dringend benötigte Heilstätte für lungenkranke Kinder. Die Heilstätte wurde kontinuierlich erweitert, ging im Jahre 1953 in den Besitz der Landesversicherungsanstalt über und wurde 1957 umbenannt in "Sanatorium Königsfeld". Da die Zahl der Lungenkranken zurückging, wurde seit 1962 das Sanatorium für Menschen mit inneren Erkrankungen geöffnet. Da die Klinik immer weiter modernisiert wurde und auch die Behandlungsmethoden moderner wurden, erhielt das Sanatorim 1974 die Bezeichnung Kurklinik.

In der Nazizeit war die heutige Klinik Königsfeld ein Schulungszentrum für das NS-Kraftfahrkorps (NSKK).

Im Jahre 1971 wurden Überlegungen angestellt, anstelle der veralteten Gebäude einen Neubau zu errichten. Die Genehmigung wurde 1975 erteilt. nach Fertigstellung des ersten Bauabschnitts wurde die alte Klinik im Jahre 1979 abgerissen, und im Oktober 1981wurde der Klinikneubau vollendet. Die Klinik Königsfeld dient der Prävention und Rehabilitation innerer Erkrankungen mit Schwergewicht auf Herz- und Kreislauf sowie der Rehabilitation nach Operationen an den Gelenken.

Feuerwehrturm ist weithin sichtbar

Von der Klinik aus wandern wir durch die Siedlung Windgarten und über die Königsfelder Straße zur Feuerwehr am Külchen. Schon von weiten sieht man seitlich der Bundesstraße 483 den hohen hölzernen Steigerturm, der im Jahre 1929 für Ausbildungszwecke der Freiwilligen Feuerwehr errichtet wurde.

Weithin sichtbar:
Der Feuerwehrturm am Külchen.

Dêr Feuerwehr-Löschzug Külchen, früher auch "Kühlchen" mit "h" geschrieben, ist nicht ganz so alt wie die Feurwehren der Umgegend. Sie wurde an einem Sonntag im Mai des Jahres 1924 gegründet, und schon in den ersten Tagen traten 32 Männer der neuen Feuerwehr bei, "die sich selbstlos in den Dienst dieser guten Sachen stellen", wie die Milspe-Voerder Zeitung schrieb. Damals waren in Zeiten der Inflation die finanziellen Sorgen überall groß, und so stellte das Amt Milspe zwar den Bau eines Spritzenhauses und die Stellung einer Spritze in Aussicht, aber mehr war nicht drin. Deshalb zogen die neuen Wehrmänner mit Sammellisten von Haus zu Haus. Allerdings kam es danach doch noch zu Streit, weil die Hillringhauser die bei sich stehende Spritze nicht an die neue Külchen-Wehr abgeben wollten.

Als in den 90er Jahren die Stadt Ennepetal den Steigerturm, auch "Königsfelder Dom" genannt, wegen Baufälligkeit abreißen lassen wollte, setzte sich die Löschgruppe jedoch zur Wehr und organisierte mit ihren Freiwilligen die Renovierung auf eigene Kappe.

Ganz in der Nähe der Feuerwehr liegt die Häusergruppe am Timpen, an dem sich im April 1945 Schlimmes ereignete.

Viele Todesopfer im April 1945

Am Morgen des 13. April 1945, einem sonnigen und warmen Freitag im Frühling, hatten sich Klaus Wienert, seine Mutter und der Bruder Hans-Walter am Timpen in Erwartung der vorrückenden US-Soldaten im Keller des Nachbarhauses versteckt. Als sich nach geraumer Wartezeit nichts getan hatte, wagte sich der 15jährige Klaus nach draußen und bekam mit, wie gerade ein amerikanischer Panzer von einem Geschoss getroffen wurde und wie danach dunkler Rauch aus dem Panzer aufstieg. Später erfuhr er, dass ein deutscher Tiger-Panzer vor den anrückenden amerikanischen Soldaten in Richtung Winterberg gefahren war und neben dem Feuerwehrturm angehalten und dann auf den Sherman geschossen hatte.

Klaus Wienert hat am Timpen die Überrollung als Kind erlebt.

Die Amerikaner stoppten nach diesem überraschenden Beschuss sofort den Vormarsch und ließen Jagdflugzeuge kreisen. In einem kleinen Bunker neben dem Haus der Wienerts hatte sich ein junger Wehrmachtssoldat mit einem Maschinengewehr verschanzt. Als einer der US-Panzer an dem Haus vorbeigerollt war, beschoss dieser Soldat von hinten eine Gruppe auf dem Panzer sitzender amerikanischer Soldaten. Nach Schätzung von Klaus Wienert kamen dabei mindestens acht Soldaten ums Leben, und auch der deutsche Soldat sei durch einen gezielten Schuss in Stücke gerissen worden. Die US-Militäreinheit eröffnete nach dem Beschuss in Königsfeld ihr massives Gegenfeuer. Fast jedes Haus in dem Ort wurde getroffen, und in manchen Fachwerkhäusern schlugen die Panzergeschosse vorn hinein und hinten wieder heraus.

Auf dem Gelände hinter dem Feuerwehrhaus hatte sich außerdem eine kleine Nachrichtentruppe der deutschen Wehrmacht eingegraben. Auch diese Soldaten wurden durch Beschuss getötet.

Schule Stucken am Spreeler Weg

Die alte Schule Stucken steht am Spreeler Weg.

Von der Bundesstraße 483 zweigt am Timpen der Spreeler Weg ab. Dort liegen nicht nur die traditionsreiche Firma Köster (Köco) und der kommunale Friedhof, sondern auch die ehemalige Volksschule Stucken. Diese Schule befand sich ursprünglich in einem Zimmer auf Wolfshövel. Ab 1812 wurde die erste Schule in ein halbes Wohnhaus am Stucken verlegt. Dort unterrichtete Matthias Ufermann als erster Lehrer in Königsfeld.

Als auch diese Vorgängerschule baufällig und zu klein geworden war, plante man in der Mitte der 50-er Jahre des 19. Jahrhunderts ein neues Schulgebäude. Der damalige Gemeindevorsteher schrieb deshalb an den preußischen König Friedrich Wilhelm IV. in Berlin, der den Bau der neuen Schule auf seinem Felde genehmigte.1846 wurde die auf dem Felde des Königs erbaute Schule eingeweiht, und man nannte sie dementsprechend "Schule Stucken auf Königsfeld". So ist die Ortsbezeichnung Königsfeld entstanden.

In der alten Schule wurde zunächst einklassig unterrichtet und später dann zweiklassig. Hier wurden die schulpflichtigen Kinder des südlichen Gemeindebezirks Oelkinghausen mit den Ortschaften Stucken, Heide und Scharpenberg unterrichtet. Das Gebäude wird jetzt als Wohnhaus genutzt. 1972 bauten sich die Sänger vom MGV Sangeslust Königsfeld neben der Schule ihr Vereinsheim.

Wir gehen nun den Spreeler Weg abwärts bis zur ehemaligen Mühle an der Stadtgrenze zu Radevormwald.

Ausflugslokale in Königsfeld

In früheren Jahren gab es deutlich mehr Ausflugslokale als heute, vor allem in den landschaftlich schönsten Ecken unserer Stadt. Zu den besonders beliebten Häusern in Ennepetal gehörte der Gasthof Spreeler Mühle im Ortsteil Königsfeld, der am Brebach ganz im Südwesten unserer Stadt liegt oder besser lag, denn auch das Ausflugslokal Spreeler Mühle mit seinem schönen Biergarten ist seit einigen Jahren geschlossen.

Der Brebach, der in die Wupper mündet, bildet dort unten über weite Strecken auch die Stadtgrenze zwischen Radevormwald und Ennepetal und damit auch die historische Grenze zwischen dem Rheinland und Westfalen. Auch die mittelalterliche Landwehr ist in diesem Bereich noch zu sehen.Oberhalb der ehemaligen Spreeler Mühle gab es in

Die Gaststätte Spreeler Mühle war ein Ausflugslokal.

Königsfeld noch zwei weitere Gaststätten: Heitmann am Külchen und Meier am Külchen. Beide Häuser sind geschlossen, letzteres wurde nach einem Totalschaden durch ein großes Feuer nicht wieder aufgebaut, dort stehen jetzt Wohnhäuser.

Noch für seine Gäste da ist das Lokal an der Hölzernen Klinke - die Gaststätte heißt genau so wie die kleine Siedlung dort und wie die enge Nebenstraße, die den Spreeler Weg mit Hillringhausen und Heide verbindet. Um das Örtchen Hillringhausen und den Schultenhof geht es auch auf der nachfolgenden Seite.

Der Schultenhof in Hillringhausen

Über einen Wanderweg mit einer schönen Aussicht Richtung Radevormwald, der neben der Gaststätte "Hölzerne Klinke" beginnt, gelangt man nach etwa einem Kilometer zum Schultenhof, der zum Ortsteil Hillringhausen gehört. Der Bauernhof Schultenhof arbeitet seit Jahrzehnten biologisch-dynamisch nach den Demeter-Regeln. Entsprechend beliebt ist auch der Hofladen, in dem es nicht nur unbelastetes Getreide, Fleisch und Feldfrüchte aus eigener Herstellung, sondern auch viele andere Lebensmittel zu kaufen gibt, die nach Bio-Grundsätzen produziert werden.

Der Bio-Schultenhof im Ortsteil Hillringhausen.

Die Siedlung Hillringhausen selbst liegt etwas nordwestlich vom Schultenhof und ist ein ruhiger Wohnort, in dem es früher jedoch etwas lauter zuging, denn auch in Hillringhausen gab es Bandwirkereien wie überall auf der Schwelmer Höhe. Eine der letzten Webereien, deren Gebäude man noch sehen kann, war die Firma Hasenack.

Die Bandwirkereien bekamen ihre Aufträge meist von Wuppertaler Firmen, und manche Betriebe hatten bis zu zehn Bandstühle. Es wurden nicht nur Seiden- und Leinenbänder hergestellt, sondern auch Gardinenbänder und Spitzen für die Plauener Textilindustrie im Vogtland. Schon im Sommer wurden in Königsfeld, Hillringhausen und Oberholthausen rote, gelbe und grüne Dekorationsbänder für den Advent und Weihnachten gewirkt. Die deutlich billigere fernöstliche Konkurrenz brachte jedoch nach und nach das Ende auch der Ennepetaler und Schwelmer Bandwirkereien.

Von Hillringhausen aus gehen wir nun am Schultenhof vorbei bis zum Stadtteil Heide, einem beliebten Wohnort für Pendler.

Die Landwehr ist noch sichtbar

Wer das Wort „Landwehr" hört, denkt an die Vorläufer der Wehrpflicht, an stehende Heere und an Berufssoldaten. Das Wort Landwehr hat aber auch eine andere, sogar noch ältere Bedeutung, und wer in den ländlicheren Teilen des südlichen Ruhrgebiets, im Bergischen oder im Münsterland spazieren geht, der kann sogar auf die Reste dieser Landwehren stoßen.

Der Begriff bezeichnet lang gestreckte Erdwälle, die im Mittelalter angelegt wurden, um das Territorium gegen Eindringlinge zu schützen oder um Räuberbanden die schnelle Flucht vor allem mit Fuhrwerken zu vereiteln. Die Landwehren waren bis zu 18 Meter breit und folgten im Wesentlichen der Landesgrenze.

Spuren der Landwehr an der südlichen Stadtgrenze.

Zwischen Elberfeld, Barmen und Schwelm, Ennepetal, Radevormwald, Breckerfeld und Halver kann man an vielen Stellen diese Erdwälle noch in der Landschaft sehen. Sie wurden oft schräg zum Hangabfall angelegt, um das Übersteigen zu erschweren. An Wegen wurden sie unterbrochen, dort befand sich dann der Schlagbaum zur Kontrolle und Mautkasse. Viele Ortsteilnamen deuten heute noch auf diese Funktion hin. Aus einer dieser Zollstationen ist das Örtchen Filde entstanden, und dieser Flecken hat daher noch eine Besonderheit: Die Grenze verläuft mitten durch den Ort, so dass er zwei verschiedene Ortseingangsschilder hat. Auf einem steht „Filde. Stadt Breckerfeld. Ennepe-Ruhr-Kreis", und auf dem anderen „Filde. Stadt Radevormwald. Oberbergischer Kreis". Zu sehen ist die Landwehr auch südlich von Königsfeld.

Übrigens hat sich die Grenze auch in Trinkgewohnheiten erhalten: Auf der einen Seite der Landwehr wird in den Kneipen Kölsch oder Alt gezapft, auf der anderen Seite gibt es westfälisches Pils.

Der Ortsteil Heide liegt am Stadtrand

Zwischen der Gaststätte Hölzerne Klinke und der Wuppertaler Ortschaft Beyenburg liegt der Ennepetaler Ortsteil Heide mit den Siedlungen Friedfeld, Schemm und Ackersiepen. Diese Siedlungen sind nicht nur klärtechnisch an Wuppertal-Beyenburg angeschlossen, sondern die Bewohner sind überwiegend auch kulturell und ökonomisch nach Wuppertal ausgerichtet. Sogar die Wuppertaler Regionalzeitung wird hier bevorzugt.

Allerdings sind die offiziellen Beziehungen an Ennepetal orientiert. Dazu gehören die Schulpflicht und der Schülertransport und die Versorgung mit Kindergartenplätzen. Früher gab es auch eine Volksschule in Heide. Dieses Gebäude wurde nach der Aufgabe der Schule ab Oktober 1971 von der Arbeiterwohlfahrt als Sonderkindergarten für Kinder mit spastischer Lähmung oder anderen schweren Behinderungen genutzt. Mit Spendengeldern der ZDF-Aktion Sorgenkind und Zuschüssen der Städte Gevelsberg, Schwelm, Ennepetal und Sprockhövel sowie des Ennepe-Ruhr-Kreises konnte die AWo die Umbaukosten stemmen und zusätzlich ein Transportfahrzeug für die Kinder anschaffen. Besonders engagiert hat sich in Heide auch der von Fritz Kartenberg und anderen Eltern begründete und heute noch aktive "Verein für spastisch gelähmte Kinder und andere Körperbehinderte". Erste Leiterin des Sonderkindergartens Heide war Heidrun Neugebauer.

Auch im Ortsteil Heide gab es früher eine Schule.

Später baute die Arbeiterwohlfahrt in Gevelsberg-Asbeck ein neues Zentrum mit Sonderkindergarten und einer Werkstatt für Behinderte, sodass das alte Gebäude in Heide wieder frei wurde, und jetzt wird es als ein städtischer Kindergarten genutzt.

Von Heide aus gelangt man mit einer geeigneten Wanderkarte über Wanderwege zum Gewerbegebiet Oelkinghausen.

Kapitel VIII – Büttenberg

Das Gewerbegebiet auf Oelkinghausen

Die Ortschaft Oelkinghausen war ursprünglich eine selbständige Gemeinde im Amt Ennepe. Überwiegend bestand sie aus landwirtschaflichen Betrieben und Kleinschmieden. Mit dem Bau der Bergisch-Märkischen Eisenbahnlinie in den Jahren um 1843/44 wurde die Bauerschaft Oelkinghausen von dem bereits mit Wohnhäusern bebauten alten Büttenberg abgetrennt.

Heute verbinden vor allem jüngere Mitbürger den Ortsnamen Oelkinghausen mit einer großen Anzahl moderner Arbeitsplätze. In den 60-er Jahren des vergangenen Jahrhunderts reifte im Rat der Stadt dei Idee, die doch recht schmutzige Industrie aus dem Kern von Milspe auszulagern oder durch moderne Werke ersetzen zu lassen. Im Rahmen der Stadtsanierung wurde das Gewerbegebiet Oelkinghausen entwickelt. Die Stadt erwarb die landwirtschaftlichen Flächen. Dort kamen Firmen aus dem Ortskern unter, aber auch neue Unternehmen siedelten sich an. Der Entwicklungsplan sicherte die ausschließliche Ansiedlung sauberer Betriebe, und das Konzept war so erfolgreich, dass Oelkinghausen bereits mehrfach erweitert wurde.

Einer der Neubauten im Gewerbegebiet Oelkinghausen.

Probleme gab es nur immer wieder mit der Verkehrsanbindung. Die geplante B 7 E stieß auf erheblichen Widerstand und wurde auch nicht gebaut. Erst der Neubau der Königsfelder Straße an dem neuen VER-Depot vorbei sorgte für die gewünschte Entspannung.

Zum Groß-Gewerbegebiet gehört auch das Gelände des ehemaligen Wuppermannshofes, auf dem heute unter anderem das Marktkauf-Center und das Busdepot der Verkehrsgesellschaft stehen.

Wuppermannshof, früher Lohmannshof

An den Wuppermannshof erinnert nur noch der Name der Straße, die an der Polizeistation von der Kölner Straße abzweigt. Der Besitzer dieses Bauernhofes wird bereits im Schatzbuch der Grafschaft Mark aus dem Jahre 1486 erwähnt als ein "Loeman im Elkynghuser Buyr". Damit ist die "Bauerschaft Oelkinghausen" gemeint. Der Wuppermannshof oder Lohmannshof, wie er früher hieß, ist damit der Ursprung der Unternehmerfamilie Lohmann, die sich im gesamten Industrierevier an Ennepe und Ruhr nachweisen lässt.

Im Jahre 1736 kam der traditionsreiche Gutshof der Lohmanns durch Heirat an den Namen der Wuppermanns. Der letzten der Namensträger war Engelbert Wuppermann, geboren 1855 und gestorben 1927. Nachdem die Landwirtschaft und die dazugehörende Ziegelei keinen ausreichenden Ertrag mehr zu liefern versprach, verkauften die Erben den Wuppermannshof und das Gelände an die Stadt Ennepetal. Die Hofgebäude wurden 1987 abgebrochen, und auf dem landwirtschaftlichen Gelände entstanden unter anderem die Zentrale und das Busdepot der Verkehrsgesellschaft Ennepe-Ruhr (VER) sowie die Verlängerung der Königsfelder Straße. Diese neugebaute Verbindung zum Gewerbegebiet Oelkinghausen wurde auch Querspange genannt und ersetrzte den ursprünglich geplanten Neunbau der Bundesstraße B 7 E parallel zur alten Bundesstraße 7 und zur Bergisch-Märkischen Bahnstrecke am Zuckerberg.

Der Wuppermannshof musste dem VER-Neubau weichen.

Wir widmen uns nun dem alten Büttenberg mit seinen Villen und Wohnhäusern entlang der Kölner Straße und an der Aufsicht.

Der alte Büttenberg und seine Straßen

Zwischen der Wuppermannstraße im Westen und dem Rahlenbecker Tunnel im Osten stehen an der Kölner Straße und in den Nebenstraßen die Häuser des sogenannten alten Büttenbergs. Im Volksmund gibt es für diese Siedlung auch den nicht rassistisch gemeinten Begriff "Negerdorf". Die Bezeichnung entstand so: Der bekannte Arzt Dr. Unger stieg zwecks eines Hausbesuchs an der Haltestelle Eichenstraße aus, ging die Staße entlang und bemerkte die noch im Rohbau stehenden Häuser, deren Dachsparren noch in den Himmel ragten, dazu soll er bemerkt haben: "Das sieht ja aus wie ein Negerdorf". Damit hatte die Siedlung ihren Namen weg.

Das Haus der Familie Fley an der jetzigen Buchenstraße.

Als nach dem I. Weltkrieg die Häuser gebaut wurde, entstanden auch die Straßennamen. Sie lauteten Fichten-, Eichen-, Linden-, Jahn- und Birkenstraße. Schon in der Kaiserzeit hatten die Straßen andere Namen: Die Lindenstraße hieß zuvor Kaiser-Wilhelm-Straße, die Birkenstraße hieß Kaiser-Franz-Josef-Straße, die Fichtenstraße hieß Hindenburgstraße und die Eichenstraße Mackensenstraße. Nach dem II. Weltkrieg erst wurde die Ulmenstraße fertiggestellt.

Die Jahnstraße wurde später in Lärchenstraße und die Lindenstraße in Buchenstraße umbenannt, denn nachdem aus den Gemeinden Milspe und Voerde die Stadt Ennepetal entstanden war, mussten einige Straßen, die es in beiden Stadtteilen gab, umbenannt werden. So wurde zum Beispiel aus der früheren Lindenstraße am Büttenberg die Buchenstraße, da es in Voerde auch die Lindenstraße gab. Mit der Jahnstraße verhielt es sich ähnlich. Sie wurde in Lärchenstraße umbenannt. Außer drei Villen mit einem jeweils großen Park befanden sich hier in der Sielung meist nur einfache Bürgerhäuser.
In der Nähe des Büttenbergs geschahen die zwei schrecklichen Morde, um die es im folgenden Text gehen wird.

Doppelmord im Oelkinghauser Wald

Mehr als ein Jahrhundert ist es her, dass hier in unserer Stadt, beziehungsweise im damaligen Oelkinghausen, zwei schreckliche Verbrechen begangen wurden. Im Februar des Jahres 1900 berichtet der auf Moritaten spezialisierte Verlag Hermann Reiche in Schwiebus in einem Gerichtsartikel über die Taten des Raubmörders Max Kreitler, die jener im September 1898 und im Juli 1899 begangen hatte: "Der Fall ist kurz nach einem Berichte folgender: Am 26. September 1898 wurde auf dem Grundstücke des Gutsbesitzers Wuppermann in der Gemeinde Oelkinghausen, unweit der Chaussee Milspe-Schwelm, die Leiche des 44 Jahre alten Drehers Henrich Hofacker gefunden. Ueber den ganzen Körper war Laub und Gestrüpp gelegt. Man hatte den Eindruck, als ob die Leiche von dem 24 Schritte entfernten nächsten Wege in das Gebüsch geschleift und dort zugedeckt worden sei. Der Tod des Mannes ist durch einen tiefen Stich ins Herz erfolgt."

Der Raubmörder Kreitler vor dem Schwurgericht und sein Lohn.
(Im Februar dieses Jahres.) 822

Druck und Verlag von Hermann Reiche in Schwiebus.

Vor dem Schwurgerichte Hagen erschien am 8. Februar ein Mörder, der Schlosser Max Kreitler aus Milspe, um den Lohn für seine Thaten zu empfangen. Es ist traurig, daß sich in der menschlichen Gesellschaft noch immer solche Verwirrungen einstellen, daß es Menschen giebt, die an Blutgier den Thieren gleichen. Da scheint es, als ob alle Erziehung, jede Spur von religiösem Sinn ausgelöscht seien und als ob nur das Böse in der Menschenbrust allein Wohnung aufgeschlagen habe.

Der Fall ist kurz nach einem Berichte folgender: Am 26. September 1898 wurde auf dem Grundstücke des Gutsbesitzers Wuppermann in der Gemeinde Oelkinghausen, unweit der Chaussee Milspe-Schwelm die Leiche des

Ein Doppelmord erschüterte Milspe und den Büttenberg.

Über den zweiten Mord heißt es: "Am Vormittag des 23. Juli 1899 entdeckte ein Maurer auf der rechten Seite der Eisenbahn Milspe-Schwelm, wenige Minuten von der Besitzung ‚Friedheim' entfernt, die Leiche des 59 Jahre alten Arbeiters F. W. Egen. Die Leiche war mit Laub, Erde und Gesträuch sowie mit starken, dicken Steinen bedeckt, nur der Kopf ragte hervor." Er starb durch einen Messerstich ins Herz. Für beide Taten wurde der rasch ermittelte Arbeiter Max Kreitler aus Milspe vor dem Schwurgericht in Hagen angeklagt, zum Tode verurteilt und später hingerichtet.

Etwas weiter unterhalb der "Aufsicht" steht das Herrenhaus Rahlenbecke, ein Denkmal von ganz besonderer Schönheit.

Das herrschaftliche Haus Rahlenbecke

Dort, wo sich heute der Milsper Marktplatz und seine Randbebauung befinden, gab es früher einen goßen Hammerteich, der sich von der Esbecke bis dorthin zog und den die Menschen "Brands Milspe" nannten, in Anlehnung an die Fabrikantenfamilie Brand, die dort über viele Jahrzehnte ihr Hammerwerk betrieb.

Die Brands kamen aus dem Remscheider Raum. Einer von ihnen, Arnold Brand II, heiratete 1707 in die Familie Rahlenbeck ein, die in Milspe bereits ein Hammerwerk betrieb. Im Jahre 1739 dann errichtete Arnold Brand das erwähnte Werk Brands Milspe, aus dem später die bis vor gut fünf Jahrzehnten tätige Firma Wirth wurde.

Ein sehr schönes Denkmal ist das Haus Rahlenbecke.

Die Familie Brand stellte auch in der napoleonischen Besatzungszeit den ersten Bürgermeister der Munizipalität Ennepe, Ambrosius Brand, der mit seiner Familie 1827 das herrschaftliche und im repräsentativen Rokoko-Stil erbaute Haus Rahlenbecke bezog und der dort sechs Jahre später 1833 verstorben ist.

Als gut ein Jahrzehnt nach seinem Tode die Bergisch-Märkische Eisenbahnlinie von Elberfeld nach Hagen und weiter nach Dortmund gebaut wurde und die Ländereien um das Haus Rahlenbecke zerschnitt, verkaufte die Familie Brand ihren Besitz und zog nach Holland.
An Ambrosius Brand erinnert die Straße in der Nähe des Hauses und sein Grab auf der anderen Bahnseite, zu dessen Pflege sich die Stadt verpflichtet hat.

An die Rahlenbecks erinnern noch der Bachname, der Rahlenbecker Bahntunnel, eine Straße und die ehemalige Rahlenbecker Schule.

Die Schulen an der Rahlenbecke

Die erste Schule am heutigen Büttenberg war eine Evangelische Gemeindeschule, die sich im Haus mit der jetzigen Adresse Kölner Straße 234 befand und zu der auch die Kinder von den Oelkinghauser Höfen gingen. Auch der Name des ersten Lehrers ist überliefert. Er hieß Peter Bühren und kam 1769 in seine Stelle. Dietrich Brand und Otto Wuppermann hatten sich für diese Schule eingesetzt.

Die erste Schule wurde jedoch nach und nach zu klein und war auch zu schwer zu beheizen, sodass 1842 mit dem Bau einer neuen, der zweiten Büttenberger Schule begonnen wurde. Das Baugrundstück an der unteren Rahlenbecke kaufte der Büttenberger Schulvorstand von einem Beckmann für 3250 Taler. Zu dem Schulgebäude gehörte auch ein Nutzgarten, den der angestellte Lehrer bewirtschaften durfte. Die Schule aber war kaum bezogen, da kamen die Pläne für den Eisenbahnbau auf den Tisch. Die Schulgemeinde erfuhr, dass ihre neue Schule abgerissen werden müsse. Die Bahngesellschaft baute auf ihre Kosten eine neue Schule in unmittelbarer Nähe, auf dem Gelände des jetzigen Bauhofes der Stadt - die dritte Büttenberger Schule. Dieses Fachwerk-Gebäude stand bis 1972 an der unteren Rahlenbecke und wurde in jenem Jahr abgerissen.

Die Schule Rahlenbecke, danach Betriebshof der Stadt.

1898 dann wurde auch diese Schule durch einen Neubau ersetzt, die vierte Büttenberger Schule, die nach dem Bau der dann fünften Schule auf dem selben Gelände ebenfalls abgerissen wurde. Diese fünfte Schule war dann das jetzige Bürohaus des Betriebshofes der Stadt, und es gibt jetzt die sechste Schule, das ist der Neubau der Grundschule Büttenberg an der Erlenstraße.

Klutert-Käse reift im Felsenkeller

Ganz in der Nähe der alten Rahlenbecker Schule, ein Stück die Kölner Straße aufwärts, führt ein künstlicher Stollen in den Berg. Dieser Stollen besteht, durch eine Zwischenwand getrennt, aus zwei Räumen. Auf dem Sandstein über dem Eingang ist der Name "Joh. Klein " eingemeißelt. Dieser Johannes Klein betrieb in Schwelm im Möllenkotten eine Gastwirtschaft. Um 1830 begann er im Möllenkotten auch Bier zu brauen. Zu diesem Zweck ließ er in diesem, seinem Grundstück, einen Felsenkeller bauen, um dort in geeigneter Weise Bierfässer und Eis zu lagern. Das Eis wurde im Winter in den umliegenden Hammerteichen gebrochen. Mit dem Beginn der Elektrizität hatte diese Funktion ausgedient.

Im Felsenkeller an der Kölner Straße reift der Klutert-Käse.

Als im 2. Weltkrieg die Bombadierung der Städte begann, brauchte man für die Schule Rahlenbecke einen Luftschutzraum. Dazu wurde der Felsenkeller des Johannes Klein umfunktioniert. Nach dem Krieg wurde der Stollen zugemauert. Erst 1990 öffnete der Arbeitskreis Kluterthöhle den Keller erneut. Alle Beteiligten waren erstaunt, in welch gutem Zustand sich die Räume befanden.

Die Höhlenforscher mauerten ihn wieder zu. Erst als 2013 die Firma Jule's Käsekiste einen Reife- und Lagerraum suchte, erinnerte man sich an den Felsenkeller und gab ihm eine neue Funktion.

Wir sind am Ende unseres historischen Stadtrundgangs nun wieder "inne Milspe" angelangt und hoffen, dass der ausführliche Spaziergang interessant war und Ihnen Spaß gemacht hat.

Alphabetisches Verzeichnis der Stätten

Inhaltsverzeichnis

Benutzte Quellen

Für die Texte und Bilder wurden folgende Quellen aus dem Stadtarchiv Ennepetal benutzt:

Familienarchiv, Fotosammlung, Unternehmensarchiv, Vereinsarchiv, Nachlässe verschiedener Personen.

Zeitungsbestände der Milspe-Voerder Zeitung, der Westfalenpost und der Westfälischen Rundschau.

Aktensammlung der ehemaligen Gemeinden Milspe und Voerde, des ehemaligen Amtes Milspe-Voerde und der heutigen Stadt Ennepetal.

Lokal- und regionalgeschichtliche Bibliothek im Stadtarchiv.

Die neuen Fotos erstellte die Mitautorin **Helma Fischer-Pöpsel**.